Rudolf Steiner

シュタイナー〈からだの不思議〉を語る

ルドルフ・シュタイナー講演講義録より

編訳●西川隆範
監修●中谷三恵子
協力●有川利喜子＋渋沢比呂呼

イザラ書房

目次

◉

第1章「心魂と身体」
Die unsichtbaren Glieder der Menschennatur und das praktische Leben
Berlin, 18. Februar 1909
in: Wo und wie findet man den Geist? GA 57

第2章「病気とは何か・死とは何か」
Wie begreift man Krankheit und Tod?
Berlin, 13. Dezember 1906
in: Die Erkenntnis des Üebersinnlichen in unserer Zeit und deren Bedeutung füer das heutige Leben, GA 55

第3章「神経-感覚系｜リズム系｜四肢-代謝系〈1〉」
Die menschliche Konstitution
Arnheim, 21. Juli 1924
in: Anthroposophische Menschenerkenntnis und Medizin, GA 319

第4章「神経-感覚系｜リズム系｜四肢-代謝系〈2〉」
Das Organ-System und die Kräfte-Organisation
Stuttgart, 27. Oktober 1912
in: Physiologisch-Therapeutisches auf Grundlage der Geisteswissenschaft, GA314

第5章〜第8章「脳の話」「構築と崩壊」「肝臓の働き」「腎臓の働き」
Gehirn und Denken
Dornach,5.August 1922
Gestaltung und Auflösung
Dornach,9.September 1922
Die Leber als Sinnesorgan
Dornach,9.August 1922
Wahrnehmen und Denken innerer Organe
Dornach,13.September 1922
In: Die Erkenntnis des Menschenwesens nach Leib, Seele und Geist, GA347

補遺1「心臓の話」
Blutkreislauf und Herzbewegung
Dornach, 6. Juni 1923
Lungen-Wissen und Nieren-Wissen
Dornach, 28. Juli 1923
in: Rhythmen im Kosmos und im Menschen, GA 350

補遺2「癌について」
Die Kunst des Heilens vom Gesichtspunkte der Geisteswissenschaft
London, 28. und 29. 1924
in: Anthroposophische Menschenerkenntnis und Medizin, GA 319

補遺3「物質体・エーテル体・アストラル体 」
Das Wesen des Menschen
Budapest, 5. Juni 1909
in: Theosophie und Okkultismus des Rosenkreuzers, GA 109/111

Üeber den Rhythmus der menschlichen Leiber
Berlin, 21. Dezember 1908
in: Geisteswissenschaftliche Menschenkunde, GA 107

シュタイナー
〈からだの不思議〉を語る

編集部から

本書は人智学の創始者ルドルフ・シュタイナー（1861〜1925）が一九〇六年から一九二四年のあいだに行った講座の速記録を訳出したものです。シュタイナー流の身体観は、今ではさまざまな医療従事者に共有されてきており、シュタイナー派のアントロポゾフィー医学も、近年の医学の研究成果に取り組んで発展を遂げています。

現代科学は全体としてシュタイナー的な認識に接近してきていますが、唯物論的発想には奇異に感じられる表現がシュタイナーの文章には多々あると思います。唯物論的な見解とは別の人体理解を提示するシュタイナーの文章を思惟の内奥で読み取っていただければ、と思います。

心魂と身体

人間の本質の、特に不可視の部分の実際の意味について話すときには、比較によって、その意味を明らかにできるでしょう。存在を超感覚的に観照するのが[1]現実的であり、単なる外面や単に物質的なものに留まるのは現実的ではありません。たとえば蹄鉄の形をした磁石があります。その磁石を蹄鉄として用いるのは実用的でしょうか。それは実用的でない、と言うべきではないでしょうか。「これは蹄鉄の形をしているが、それは単なる見かけであって、磁石として用いるのに適している」と思う人が現実的です。もちろん、これは比較にすぎません。きょう話す高次の諸力を、何らかの自然力と比較することはできないからです。事物の内的な力を探し出し、事物をその本当の価値に従って用いることのできる人は現実的です。「実際的」ということにこだわる人々に対しては、理想が有する実践的な意味についてフィヒテ[2]が語った言葉を引用できるでしょう。

フィヒテは人間の使命を、高い理想として説明しようとしました。彼は『学者の使命について』の講義の序論のなかで、「高い理想主義の観点から語る者は、理想は実際の生活のなかには現われえないという現実を知らない」と言われることに抗議しています。理想を述べる者はそのような反論を、敵対者よりもよく知っているのです。「彼らは現実を自己流に判断している。自分に能力があると思っている者たちは、現実に変更を加えているにちがいない。そう私たちは主張する。彼等が納得しないとしても、その際、彼等が失うものはほとんど何もない。人類を高貴にするという計画において、彼等だけが計算に入れられているのではない、ということが明らかになるだけだ。人類は疑いなく、自らの道を進むだろう。寛大な自然が彼らを統治し、彼らに適切な時期に雨と日差しと、有益な食物と体液の順調な循環と、賢明な思考を与えるように望む」と、彼は書いています。

人間の本質の不可視の部分に、心魂の目を向けてみましょう。精神科学[3]は人間の本質の不可視の部分について語りますが、可視的なものの添え物として語るのではありません。「精神的なものが、目に見えるものを創造する」と、語るのです。それが明らかな例をあげてみましょう。精神生活の実際を洞察できない人も、超感覚的なものが感覚的なものの土台になっていることを知るために、恥じらいの感情と畏れの感情に目を向けるべきです。これらの感情は何でしょう。複雑に考えない人にとっては、疑いなく、心魂的体験です。たとえば、私たちを脅かすものがあり、心魂は脅かされていると感じます。それが不安の感情、恐怖の感情として表現されます。

たしかに、私たちはいろいろな物質的媒体を挙げることができるでしょう。それは、もちろん容易です。現代の学者は、精神科学者の知らないものを持ち出すことはほとんどできないでしょう。不安や恐怖を感じるとき、血液は身体の表面から引いて、中心部に集まります。

心魂的な経過の結果として、物質的な経過があるのです。恥じらいの感情の場合も同様です。その場合も、血液が移動します。精神的なものの作用で、循環に変化が生じるのです。このようなことや、悲しい出来事の結果、涙が流れるという事実が、「心魂的なものが身体の経過の原因になることがある」ということを示します。

密かな唯物論的思考方法の影響下に、唯物論的な見解を通用させる人々がいます。ある箴言(しんげん)を引用しましょう。「人は悲しいから泣くのではない。泣くから悲しいのだ」[4]。この言説は本来、理想主義的に考える人から発したものですが、逆に解釈されています。唯物論的な思考方法がはびこっているからです。今日の唯物論的な土壌から健全な思考をいくらかでも救い出した人は、物質的な事実と精神的・心魂的な事実のあいだにある明白な関連を見て、「物質にはすべて精神的な起源がある」という、精神科学の観点から語られることを次第に理解していくでしょう。精神的・心魂的なものが、肉眼に見える人間、手で触れられる人間の土台になっているのです。精神的・心魂的なものに物質が影響を及ぼすのではなく、精神的・心魂的なものが物質の土台になっているのです。

　人間が周囲の存在、鉱物界と共有するものを、私たちは物質的身体と名付けます。人間の物質的身体に最も近い超物質的・超感覚的な構成要素として存在しているのが、エーテル体＝生命体[5]です。エーテル体は人間が生きている間、物質的身体が死体になるのを妨いでいるものです。物質的身体が物質の法則のみに従うのを妨げているものです。そのようなエーテル体を、植物と動物も有しています。哲学的に考える人にとって、エーテル体は思考をとおして解明できるものです。透視者にとって、エーテル体は物質と同様に現実のものです。

　精神的な思考方法は、人体を機械として把握することに抵抗します。しかし、「人間は思考の滑車である」というのでないなら、抵抗する必要はありません。物質的・化学的なものも機械的なものに含めるなら、「人体は複雑な機械だ」と言うことができます。どの機械の背後にも、制作者・整備士がいます。同様に、人体の背後にエーテル体＝生命体が存在します。エーテル体は腐敗に対して戦っています。死に際して、エーテル体は物質的身体から離れます。物質的身体は死体となり、物質法則に従います。エーテル体は単なる物質的身体よりも確かな現実です。

さらに人間を考察すると、別の構成要素にいたります。「私の前に物質的身体とエーテル体を有する人間が立っている」と考えるとき、他の構成要素も明らかにできるでしょう。この人間のなかには、外から見ることのできるもの、生理学などが解明するもの以外に何も含まれていないでしょうか。まったく別のもの、感情・感受・欲望・願望・苦痛・苦悩・衝動・情熱があります。これらがアストラル体[6]を形成します。しかし、「それらが一個のまとまった現実を形成しているとは考えられない」と、人々は言うかもしれません。精神科学者はアストラル体の存在を、透視力によって確かめます。物質的身体が存在するように、アストラル体が存在します。健全な悟性は、「アストラル体」というべきものが存在する、と思うことができるでしょう。なぜ、そのように思えるのでしょうか。例をあげて、アストラル体がどのように作用するか、具体的に理解しましょう。

「人間は物質界に歩み入るとき、後年のようには形成されていない」と言う人々がいます。「感覚と、感覚に属する神経器官が脳に存在する。しかし、個々の神経器官を脳のなかで結合するものは、比較的のちに形成される」ということを、外的な科学は確認しています。聴覚野から視覚野への伝導路・連合線維が後になって形成されるのを確かめることができます。人間を思考可能にしている神経路・神経索です。「だから、体内のさまざまな部分が次第に発展して、人間のなかに感受・表象・苦悩・歓喜・思考複合などの世界が出現するのだ」という結論を、唯物論者は出します。

人間の脳の発達の経過を、よく考えてみましょう。宇宙の謎を解明する複雑な思考過程は、次第に形成されていきます。それをよく考えてみましょう。そこで形成されるものを、おのずと構築される単なるメカニズム、と言うことができるでしょうか。人間は時計の見事な構造に驚嘆します。時計はひとりでに出来上がったのだ、と思う者は愚かでしょう。時計職人が時計を作ったのです。秒や分といった時計の法則を知る者が、それらを組み合わせたのです。だれかが前以て考えたものを、私たちは後で思考するのです。

人間が思索するように、この結合索状組織・連合線維を脳のなかで組み合わせるものが存在しないでしょうか。「そこで形成されるもののために、線維を結合する建設者がいなくてはならない」と、健全な思考は洞察するにちがいありません。こうして、私たちは思考できるようになります。「アストラル体が肉体の脳を構築した」と言うとき、私たちは自分の健全な悟性に忠実です。生まれてからの数週間・数カ月・数年間に、アストラル体は後年になって世界の謎を解くことのできる道具を作ります。それを信じない人は、機械を使いながら、機械の制作者がいることを否定する者と同じです。やがて、人間が健全な判断をする時代がやってきて、「何かが出来上がるためには、まず精神的な建設者がいなくてはならない」と思うようになります。この建設者は、人間が誕生する前から存在しています。人間の第三の構成要素が、このアストラル体です。アストラル体が物質的なものの基盤になっています。

人間の第四の構成要素は自我（イッヒ）です。自我が人間を万物の霊長にしています。人間は物質的身体を鉱物と共有しています。エーテル体を植物と共有しています。アストラル体を動物と共有しています。自我によって、人間は三つの自然界の上に聳え立っています。ですから、あらゆる宗教が「言葉のなかに、他のすべてと区別される単語がある」ということに注目しました。それは他人からは決して発せられない単語です。それは私たちのなかに存在している、私たちの最奥のものを表す単語です。私たち自身を意味する単語は、外から私たちに響いてきません。ですから、古代ヘブライ宗教において、「自我（イッヒ）」という語は他のだれにも言い表せない名辞でした。

これらが人間の下位の四つの構成要素です。それらのうち、一つしか目に見えません。

ほかの三つは現実のものであり、実在するものの基盤です。どの構成要素も、その下位の〈体〉の基盤であり、原因です。自我の担い手はアストラル体の基盤、アストラル体はエーテル体の基盤、エーテル体は物質的身体の基盤です。人間が自己意識的な存在であることによって体験するもの、本来の自我体験のすべてが、アストラル体のなかに複写されます。自我体験すべてが、ここに刻印されます。そうして、人間のなかに一時的な表象・判断・感情が生まれます。アストラル体のなかに生きるものは、エーテル体＝生命体のなかに刻印・表現されます。そうして、過ぎ去らないもの、持続するもの、保たれるものになります。

私たちが一時的な判断をした、としましょう。あれこれのことについて、私たちは表象を形成します。一つの表象を繰り返し形成すると、習慣的な表象になります。習慣的な表象になることによって、その表象はエーテル体のなかに刻印されます。記憶のなかに生きるもの、私たちが日々覚えているものは、私たちのエーテル体＝生命体のなかに生きています。私たちが一度ピアノ曲を演奏すると、その行為はアストラル体に作用します。演奏の能力・習慣を獲得すると、それはエーテル体のなかに入っていきます。習慣はすべて、エーテル体＝生命体のなかに存在します。

私たちが道徳的な判断をするのは、アストラル体の行為です。判断を繰り返すことによって、一定の方向が私たちに刻印されると、道徳的判断は持続するもの、良心になります。道徳的判断はアストラル体の体験です。良心はエーテル体＝生命体の体験です。高次の構成要素が低次の構成要素と相互作用することをとおして人間の生命全体が内から外に構築されるのが分かります。

たんなる自然存在としての人間は、エーテル体＝生命体を植物と共有します。植物のなかで液を上昇・下降させるもの、生長・繁殖を引き起こすものが、人間においても同じことを引き起こします。しかし、このエーテル体＝生命体に、習慣・慣習・良心と呼ばれるものが、上から下に刻印されます。このように、心魂的・精神的なものが、上から人間に刻印されます。高次の構成要素の体験が、下位の構成要素に移っていきます。心魂的・心的な高次の構成要素が、身体的な構成要素に働きかけるのを感じ取るのが、人間にとって重要なことです。健全かつ実践的な方法で下位の構成要素に働きかけることが、人間の手に委ねられているのです。

人間は、自然から与えられたものを駄目にすることがあります。植物に奇形が発生することがあるように、生起するものをエーテル体＝生命体が規制しないと、体内に奇形が発生します。正しくない方法で内側から、つまり自我から下位の構成要素に作用すると、そのような奇形が人間に発生します。アストラル体は健全な仕方で、自我のさまざまな体験に浸透されねばなりません。子どもにおける脳の構築に際してアストラル体が作用しているのを認めようとしない人は、自我が正しくアストラル体に働きかけるのがいかに重要か、意識しないでしょう。しかし、それを洞察する人は、「自然が仕事を終了したところから、私は作用を及ぼしつづけることができる。感受の全段階が健全に経過すると、それは私の物質的身体・脳に働きかける。そうして、私は一生のあいだ、自分の物質的身体を構築する」と、思います。

今日、いかに多くの人々が手指の振顫(しんせん)・書痙(しょけい)を患っていることでしょう。人体全体は見事に構成され、人間は自分の行為すべてをとおして、手を外界に適合させています。自分の内的な生命で手を温め、力づけることができないと、手と外界の協同がうまくいかなくなります。入れ歯をしたときに似た経過です。私たちが有するものすべてを、自我によって熱し、力づけることが大事です。指の痙攣が起こるのは、手が他の部分の力から離れているときです。これは近い将来、ふたたび顧慮されるようになるでしょう。そうして、人間を精神において把握するよう、洞察されるでしょう。

例をあげて、明らかにしましょう。精神のなかで生じるものがいかに人間をつかんで、人間を生活のために実践的あるいは非実践的にするかを示す例です。なんらかの恐れの感情に悩まされて、実務的でなくなり、神経質になっている人です。なんらかの点で完全には自分を思いどおりにしていない人は、神経質と言われます。あるいは、何かが欠けていたり、人間を実生活にとって非実用的にさせるものがあるとき、遺伝的負荷という言葉が用いられます。このような診断は事実の入念な観察に由来するものではありません。人々は唯物論的な思考方法の影響によって、精神的なもの・精妙なものを追っていくセンスを持っていないのです。

不可視のものが可視のものに働きかける人生の初期にすべてが正しく経過しているか、妨げられていないかを追うのが重要です。この時期に逸したものは、あとで改善できません。十分に精妙に彫琢しなかったら、生涯にわたってさまざまな不調和が発生します。アストラル体のなかで体験を調和的に波打たせたることができない人は、ある点で、生涯にわたって有能ではなくなります。不安と恐怖の感情に際しては、遺伝的負荷を探究する代わりに、さまざまな体験をとおして物質的身体を硬化させるものがいかに形成されるかを探求するべきです。広場恐怖症◆[7]と呼ばれるものの大部分は、常にではありませんが、場合によっては、子どものころの教育をとおして植え付けられたものです。あとになると、あらゆる角度から働きかける手段がなくなるために、人間はこの病気から解放されません。

年中行事を、贈り物をもらうことによってしか認識しない子どもを考えてみましょう。

贈り物をふんだんに与えられすぎることによって、健全な自己感情を作り出す努力が麻痺します。専門教育を受けたり、新しい仕事に就くとき、そのような状態が自分のなかに潜んでいることがあります。それが、いつか広場恐怖症というかたちで現われるのです。アストラル体が次第に自分の物質的に知覚可能な振る舞いのなかに移っていくのを理解しないと、この症状を洞察できません。ある人に一定の不能状態が現われたとき、その人の心魂のなかに何か重くのしかかるものがある、ということが見出せます。おうおうにしてそのような状態になった人はそう告白することができず、「それを秘密にしておかなくてはならない」と思いがちです。言葉への通路を見出さないと、その重苦しい感情は身体に作用しつづけます。告白や懺悔（ざんげ）ができると、その人のためになります。そうすると、「もはや心魂のなかに重荷がない」と感じます。この軽減の感情が健康的に作用します。この点で、告解（こっかい）は重要な薬です。それを宗教団体は知っていました。人間の不可視の部分が可視の部分に働きかけるのが分かります。実生活における不能は、冷水療法によって治るのではなく、一種の告解によって何かを人間から解き放つと治癒する、と理性的な医者は洞察します。

　今日、「いかに人間がある点で不能になるか（有能でなくなるか）を知ろうとするなら、人間の心魂に向き合わねばならない」と思う、理性的な医師たちがいます。喜びと楽しみは薬であり、健全な働きをすることを、これらの医師たちは知っています。木質化し、骨化したものを、喜びと楽しみは再び柔らかくし、再び私たちの支配下にもたらすということを、彼らは知っています。しかし、それだけでは、隠れ潜んでいるものを人間の心魂から解き放つのに十分ではありません。内面の体験すべては、たとえ逆の現われ方をしても、大きな意味を持つということを、彼らは知りません。人間の本質のなかの不思議なものすべては、多くの場合、逆に作用します。だからといって、それを無視すべきでしょうか。また、人々が要求しているように、医者を聴罪師にすべきでしょうか。

ペルシアに、「何かを語るまえに沈黙の熟考に費やす時間は、よく考えずに話したことを悔いる時間を節約させる」という諺（ことわざ）があります。ゲーテが〝公然の秘密〟◆8ということを語ったのは、理由のないことではありません。私たちは周囲にある感覚的なものすべてのなかに、事物の内に深く横たわっているものを見ることができます。その不思議なものを人は言い表わすことができませんが、それは心魂から心魂へと流れていきます。そのように人生の秘密を感じることができるなら、人間は健康になっていきます。

このような人生の秘密は、特に精神科学によって解明されます。もちろん精神科学は、人間が事物に肉薄するのをそれほど容易にはしません。事物の本質に達するのは、そんなに楽ではありません。あれこれのものがある、と精神科学は提唱できるだけであり、人間が自ら努力しなくてはなりません。それは厄介ですが、非常に健康です。そのようにして、人間の最奥の構成要素が刺激されるのです。精神科学は直接、自我に作用します。惑星の進化について、人間の不可視の構成要素について、現世から来世へと輪廻していくものについて語られるとき、それらすべてが自我を刺激します。これらの偉大な理念、宇宙を抱合する理念は、乾燥した理念や抽象的なものにとどまらず、これらの理念から熱と至福が発します。熱と至福が発し、人間のアストラル体を満たします。精神科学が提供するものから、満足と至福が現われ出ます。

人間に織り込まれ、人間を燃え立たせる熱と火は、人間の生命体のなかに入っていきます。エーテル体が精神科学の力に貫かれます。そして、エーテル体は力を物質的身体に移します。その力をエーテル体が器用さへと変換し、精神科学の偉大で崇高な理念が物質的身体にまで注ぎ込まれると、たとえば手が器用になり、実用的になります。精神科学は脳を、柔軟で柔順な道具にします。脳は偏見から解放されます。精神科学は力強く、人間の物質的身体にまで働きかけます。実際の動きにまで、精神科学の作用は及びます。

その例をあげましょう。今日、子どもに体操を教えると、たしかに有益です。体操は、正しく行なえば、非常に健康なトレーニングです。その際、「人間は物質的な器械ではなく、高次の構成要素に浸透されているということを知っているのが重要だ」と、私は教育に関する講演で話したことがあります。エーテル体とアストラル体の活動を感じるために、体操をするべきです。私は、偉大な理論家であった体操教師を知っています。彼は人間の物質的身体を正確に知っていました。彼は理論的な体操の授業をしました。物質的なものを正確に知っていることが重要なのではありません。どのトレーニングにおいても内的な快さの高まりを体験することが大切です。個々の練習の目的を体験すべきです。物質的身体を抽象的に表象するだけでなく、生き生きとした感情を有するようにしましょう。そうすれば、子どもが体験するものすべて、たとえば梯子をよじのぼることについて、私たちは生き生きとした感情を持つことができます。エーテル体と物質的身体の協同に調和的に作用して、後年におけるよい記憶力の最良の土台となる体操を考えることができます。目に見える経過も、精神科学から理解されるときにのみ、正しく理解されます。精神科学に基づく体操の授業を行なえば、老年における記憶力の衰えに対抗する最良の手段が得られるでしょう。

　精神科学は理論やドグマではなく、生活に生命的なものを伝えるものです。精神科学をとおしてのみ人間は本当に生活に実践的になれるということが、いつか洞察されるでしょう。この人生を自由に使いこなす人だけが生活の実践家です。人間は不可視の構成要素をとおして、常に自分の外的な本性の主人であるべきです。そうすることによってのみ、人間は自分の生活の細部にいたるまで実践家になり、適切に身体を用いることができます。

自分の構成要素を理解して、フィヒテの言葉を了解する人が生活の実践家です。しかし、その言葉はよく誤解されます。人間が自らの不可視の本質によって可視のものを導けるようになるのが、人間の理想です。「人間は、あるべきものになれる。〝私にはできない〟と言うとき、その人は欲していないのだ[9]」。

注

◆1 **超感覚的に観照する**……身体的な感覚器官（五感）による知覚を超えて、心魂的・精神的な知覚器官（心眼・天眼・チャクラ）によって認識すること。西洋哲学では、感覚的＝感性的認識に対して理性的認識、感覚界＝感性界に対して叡智界の存在を説く。

◆2 **フィヒテ**……Johann Gottlieb Fichte ドイツの観念論哲学者（1762〜1814年）。著書に『全知識学の基礎』『人間の使命』など。

◆3 **精神科学**……自然科学の厳密さをもって、超感覚的事象を探究する学問。

◆4 **「人は悲しいから泣くのではない。泣くから悲しいのだ」**……ヘルマン・エッビンハウス『心理学概説』

◆5 **エーテル体＝生命体**……肉体を成長・維持する生命実質。補遺3参照。
◆6 **アストラル体**……思いのオーラ。感受体。補遺3参照。
◆7 **広場恐怖症**……雑踏や慣れない場所で恐怖感があらわれる神経症。パニック発作を伴うことがある。
◆8 **〝公然の秘密〟**……ゲーテ『散文の箴言』
◆9 「**人間は、あるべきものになれる。〝私にはできない〟と言うとき、その人は欲していないのだ**」……フィヒテ『フランス革命に関する公衆の判断を訂正するための寄与』

病気とは何か・死とは何か

今日扱うテーマは、だれにとっても切実なものです。〈病気〉と〈死〉の二つは、だれの人生にもやってくるものだからです。この二つは招かれざる客であり、苦しみであり、恐れです。そして、死は存在の最大の謎です。死の本質を理解する者は、人生の謎も解くでしょう。「死という謎は、だれも解いたことがないし、これからも、だれも解かないだろう」と、しばしば言われます。そのように語る人々は、そのような言い方がいかに厚かましいものか、まったく気づいていません。この問いには答えがあり、自分はその解答を理解できないだけなのだということを、彼らは知りません。

このように包括的で重要なテーマを今日は扱うわけですが、もっぱら「病気と死をどう理解するか」という問いへの答えを探求することにします。特殊な病気と健康の問いには立ち入らず、「この人間存在の重要な問題を、どうしたら理解できるか」という問いに取り組むことにします。

死の本質についての有名な答えは、何世紀にもわたって通用してきたものですが、今日では大部分の教養人にとって価値のないものになっています。それはパウロの、「死は罪の報いである」[1]という言葉です。何世紀にもわたって、この言葉は死という謎を解いたものでした。現代的に思考する人は、このような答えではどうしようもありません。罪というのは道徳的なことがらであり、人間の振る舞いによって生じるものです。そのようなものが、死という物質的事実の原因であり、病気の本質に関連するとは、今日の思想家にとってまったく不可解なことです。

現代では、「死は罪の報いである」という言葉は理解されません。パウロおよび彼と同時代の人々は、「罪」という言葉を、今日のような意味では理解していませんでした。

ここで言う「罪」は、通常の意味での「過ち」を意味してはいません。「誤り」ではなく、利己心・我欲から発するものを罪と言っているのです。利己心・我欲を行動の動機とするものは、事実に即した客観的な衝動とは反対に、罪なのです。利己主義、利己的な行為は、人間が自立して自我を意識していることを前提とします。パウロのような人物の思考方法に取り組むには、このことを知っていなくてはなりません。

旧約聖書や新約聖書の表面的な理解にとどまらず、その精神に入っていく者は、自然哲学的な思考方法が、旧約聖書と新約聖書の底流になっていることを知っています。その底流は、「世界のなかでは、生命の創造はすべて一定の目的に向けられている」というものです。下等生物は快と苦、喜びと苦痛をあまり感じません。生命は上昇していきます。それには何かが結び付いているということを、私たちは見出します。この目的への努力について語られるときにおののく人は、ここでは理論ではなく事実が扱われているのだ、ということをよく考えてください。「生物界全体が、人間にいたるまで、〝生物の頂点において個人の意識が獲得される〟という目的に向かっている」という事実です。旧約聖書や新約聖書の秘儀参入者は動物界を眺め、いつの日か自ら行動への衝動を持つことのできる自由な個人が出来上がるよう、すべてが努力しているのを見ました。そして、そのような個人の本質には、利己的な行為への可能性が結び付いているのを見ました。

さて、パウロのような思想家は、「利己的に行動することが可能な個人の心魂が身体に宿ると、その身体は死をまぬがれない。自立し、自己意識的になり、その結果として利己的になった心魂は、決して不死の身体のなかには住めない」と、言います。ですから、「死すべき身体」と、「個人意識を持った心魂」と、「一面的な行動衝動の形成」は関連しているのです。これを聖書では「罪」と言い、パウロは「死は罪の報いである」と定義しました。聖書の言葉は、何世紀もの経過のなかで正反対のものに変わったので、修正しなくてはなりません。解釈を変えるのではなく、神学が提示する現代的な意味を、元の意味に戻すのです。そうすると、今ふたたび理解できるようになったことがらに通じるものを深く捉えることが大事だ、ということが分かります。これが修正に必要なことです。

あらゆる時代の思想家や世界観の探究者が、死の謎に取り組みました。何千年も前から、この問いはさまざまな方法で答えられてきたように見えます。ここでは、そのような解答について歴史的に考察することはできません。二人の思想家だけを示唆しておきましょう。そうすると、近代の思想家もこの問いに関して重大なことを言っていないのが分かります。

一人はショーペンハウアー◆2です。皆さんは、彼の厭世的な思考方法をご存知でしょう。「人生は不快なものだ。私は私の人生について考えてみる決意をした」という彼の文章を読むと、ショーペンハウアーがいたった解答は「本来、死は生を慰め、生は死を慰める。人生は宿命的なものだ。死によって人生が終わるということを知らなければ、人生に耐えられないだろう。死を恐れる人は、〝人生は死よりよいものではない〟ということ、〝死によって何も終結しはしない〟ということを明らかにする必要がある」というものでしかありません。これが彼の厭世的な考え方です。この思考方法はさらに進んで、彼は地霊に「おまえたちは常に新しい人生を欲している。そこに私は場を占めよう」と語らせています。ショーペンハウアーはある点で、生命は繁殖していき、常に新しい生を生み出すという事実に気づいています。新しい空間ができるために、古いものは死ななくてはならないという必要性に、彼は気づいています。そのほかには、ショーペンハウアーは何も重大なことを述べておらず、その他の発言はこの二つの言葉の繰り返しです。

もう一人はエドゥアルト・フォン・ハルトマン[3]です。彼は最近の本[4]で、死の謎に取り組んでいます。「人間はもう一～二世代経ると、もはや世界を理解しなくなる。人間は年を取ると、もはや青年を理解できない。だから、古いものは死に、新しいものが現われる必要がある」と、言っています。私たちに死という謎を本当に理解させることのできる答えはない、と言っているのです。

それでは、いわゆる精神科学、人智学とも言われる現代の世界観が、死と病気について述べていることを取り上げましょう。その際、精神科学では他の学問のように、一定の方法ですべてについて語ることはできない、ということを明らかにしたいと思います。

病気と死について語るとき、動物と人間を区別しなければなりません。しかし、きょうの講義のテーマを理解するには、人間における現象に限定しなくてはなりません。ほかの存在たちは、抽象的に「同様のもの」を有しているのではなく、それぞれが自らの本質と特性を有しています。きょう述べることのいくつかは、動物界と植物界にも適用できますが、本質的には、人間について語ります。ほかのことがらは、説明の必要があるときに引き合いに出すにとどめます。

人間の死と病気を理解しようとするなら、精神科学から見ると、人間は最高に複雑な存在であるということに、何よりも注意しなくてはなりません。私たちは人間を、四つの部分から捉えなくてはなりません。第一に、外的に目に見える物質的身体です。第二に、エーテル体あるいは生命体です。つぎにアストラル体(感受体)、四番目が人間の自我、人間存在の中心です。

物質的身体のなかには、外の鉱物界のなかにあるものと同じ力・素材が存在している、ということを明らかにしなくてはなりません。その素材を生かすものが、エーテル体のなかに存在します。人間はエーテル体を、植物界全体と共有しています。人間が動物と共有するアストラル体は、感情のいとなみ、欲望、快と苦、喜びと苦しみの担い手です。自我は人間だけが有しているものであり、人間を地上の万物の霊長にしています。

物質的有機体としての人間を前にすると、この物質的有機体のなかで、さらに三つの部分が造形家・建築者として働いていることが明らかになります。物質的原理は部分的にのみ、人間の物質的有機体に働きかけます。ほかの部分では、本質的にエーテル体が活動しています。さらに別の部分においては、アストラル体が活動しています。また別の部分では、自我が活動しています。

精神科学にとって人間は、物質的には骨や筋肉、人間を支える諸器官、人間を地上を歩むしっかりした存在にしている諸器官から成り立っています。厳密な精神科学は、これらだけを物質的原理によって成立した部分と考えます。それに加えて、本来の感覚器官が加わります。私たちは感覚器官を、物質的装置として扱っています。目はカメラ、耳は非常に複雑な楽器です。それらの器官が何から構築されているかが問題です。それらは物質体の原理から構築されています。

それに対して、成長・生殖・消化などに関連する器官はすべて、単に物質的原理によって構築されておらず、物質的身体に浸透するエーテル体＝生命体の原理で構築されています。法則に適った構造のみが物質的原理に拠っており、消化・生殖・成長の経過はエーテル原理に拠っています。そして、アストラル体は神経系全体の創造者です。脳と感覚神経繊維にいたるまでの創造者です。そして、自我は血液循環の構築者です。

ですから、本当に精神科学的な意味で人体を目の前にすれば、たがいに異なった四つの部分が人間のなかで融合して活動しているのが分かります。人間という有機体を構成しているこの四つの部分には、それぞれ異なった価値があります。人間の発展がこれらの部分とどう関連しているかを探究すると、私たちはそれらの意味を理解するでしょう。

今日は生理学的な観点から、人間の有機体における物質的な原理の作用について語りましょう。その作用は、誕生から永久歯が生えるまでの時期に遂行されます。子どもが生まれるまえに、母体の力と素材が胎児に働きかけるように、永久歯が生えるまで物質的原理が物質的身体に働きかけます。七歳から性的に成熟するときまで、おもにエーテル原理が物質的身体に働きかけます。そして、性的に成熟してからは、アストラル体のなかに存在する力が働きかけます。「人間は誕生するまで母体に包まれている」と考えると、私たちは人間の発達を正しく表象しています。誕生すると同時に、人間は母体から離れます。感覚は自由になり、外界が人体に作用することが可能になります。そのとき、人間はある覆いを自分から突き放します。

人間の発達について正しく理解するなら、歯牙交代期に、物質のいとなみではなく、精神のいとなみに同様のことが生じるのがわかるでしょう。七歳ごろ、人間は二度目の誕生を迎えるのです。誕生の時点で物質的身体が生まれたように、七歳ごろにエーテル体が生まれ出て、自由な活動を始めます。胎生期において母体が胎児に物質的に働きかけたように、誕生してから永久歯が生えるまで、宇宙エーテルの霊的な諸力が人間のエーテル体に働きかけます。人間が物質的に誕生したときに母体から離れたように、七歳ごろにこの霊的な力は退きます。

七歳まで、エーテル体は物質的身体のなかに、まるで隠れているかのように潜んでいます。マッチに火が点くようなことが、永久歯が生えるときに、エーテル体に関して生じます。物質的身体のなかに縛られていたエーテル体が、いまや外に出て、独自の自由な、自立した活動を始めます。エーテル体の自由な活動を告げるしるしが、乳歯から永久歯への生え変わりなのです。自然を深く見る者にとって、乳歯から永久歯への生え変わりは、非常に意味深い出来事です。七歳までの子どもは、物質的原理が自由に物質的身体のなかで働いていますが、エーテル原理とアストラル原理は、霊的な覆いからまだ生まれ出ていません。

七歳までの子どもは、親から遺伝されたものに拠っています。それは祖先から遺伝されたものであり、自分自身の原理で構築したのではありません。乳歯も、そうです。乳歯のあとに生える永久歯が、子ども自身の原理による創造物です。その原理には、固い支えを物質的に形成する性質があります。歯に表現されるものは、永久歯に生え変わるまでは内部で創造します。その活動が終わると、最も固い部分である歯を作り出します。まだエーテル体＝生命体を成長の担い手として自らの内に保っているからです。

この原理が突き放されたのち、エーテル体は自由になり、性的に成熟するまで物質器官に作用します。そして、人間は誕生の時点で母体から離れたように、アストラル的な覆いからも離れます。性的に成熟するとき、人間は三度目に、アストラル的に誕生するのです。そして、エーテル体のなかに縛られていた力は性的成熟と生殖能力をもたらし、生殖器官を作り出すことによって、創造行為を終了します。

物質的原理は、七歳で最後の固い器官である歯を形成することによって終了し、エーテル体・成長原理が自由になります。同様にアストラル原理が自由になり、物質的本質と関わると強烈な衝動と欲望を作り出し、生を表わします。物質的原理が歯に集中するように、成長原理は性的な成熟をもたらすことに集中します。いまやアストラル体、つまり自我の覆いは自由になります。そして、自我がアストラル体に働きかけます。

ヨーロッパの文化人は、自分の衝動と欲望に従うだけではありません。衝動と欲望を純化し、道徳的感受と倫理的理想に変化させます。未開人とヨーロッパの平均的人間、あるいはシラーやアッシジのフランチェスコ[5]とを比べてみましょう。そうすると、シラーやアッシジのフランチェスコは自分の衝動を自我によって変化させ、純化したのが分かります。

ですから私たちは、「アストラル体には二つの部分がある」と言うことができます。元来の性向に由来する部分と、自我によって生み出された部分です。人間が輪廻転生していくことが明らかになると、私たちは自我の仕事を理解します。

人間は生まれるとき、物質的身体・エーテル体・アストラル体・自我という四つの部分のなかに、前世の果実と成果を携えてきます。それが人生のエネルギー・力の定量になります。前世で多量の生命エネルギー、つまり強い力でアストラル体を変容させて生まれてきた人もいますし――変容の度合いが少なかったため――今生、早く衰える人もいます。自我がどのようにアストラル体に自由に働きかけ、どのように欲望・衝動・情熱が自我に支配されるかを透視的に調べてみましょう。そうして、自我がもたらしたエネルギー量を明らかにできると、「長期にわたって自我が自分に働きかけて、自分を変化させた分だけ、エネルギーの量は大きい」と、言うことができるでしょう。

そして性的成熟期ののち、いつまで自分がアストラル体からエネルギーを取り出せるか、予想することができます。人間が自分の心情のなかで変化・純化させることのできた生命力の量が充分であるかぎり、人間は自分のアストラル体から取り出すエネルギーを使って生きます。その量を使い切ると、もはや新しい衝動を作り出す気力がなくなり、自分に働きかけるエネルギーがなくなります。そうすると、生命の糸が擦り切れます。「生命の糸」は、各人に与えられた分量に従って、いつかは擦り切れます。そうすると、アストラル体が生命原理・エーテル体から力を取り出してこなければならない時期がやってきます。アストラル体が、エーテル体のなかに蓄えられた力によって生きる時期がやってきます。その時期の到来を表わすのが、記憶力、生産的な想像力の衰えです。

エーテル体は生産的なファンタジーと記憶の担い手です。人生の希望と勇気の担い手です。これらの感情が長く持続すると、エーテル体に定着します。これらの感情が、アストラル体から吸い出されます。アストラル体がエーテル体の代償によって生き、エーテル体が手渡したものが吸い尽くされると、物質的身体の創造的な力をアストラル体が使い果たしていく時期が始まります。その創造的な力が使い果たされると、物質的身体の生命力は消えて、身体は硬化し、脈拍は遅くなります。アストラル体は物質的身体を侵食し、物質的身体から力を奪うにいたります。その力をアストラル体が使い果たすと、物質的身体が物質的原理によって保たれる可能性は、もはやありません。

アストラル体は自由になって、自我の生命と働きに適するようになるべきです。自由になったアストラル体は、人生の後半にエネルギーを使い果たしたら、かつて自らが作り上げたエーテル的・物質的な覆いを消耗しなければなりません。そのように、個人の生は自我から作られます。

木材に火を点けた、と考えてみましょう。炎が木材から出ます。しかし同時に、炎は木材を焼き尽くしていきます。炎は自らの母胎である木材を焼き尽くすのです。これが炎の本質です。そのように、アストラル体は三度生まれ出て、炎が木材を焼き尽くすように、自らの土台を消耗していきます。そうすることによって、個人的な生が成り立ちます。個的な生は土台を消耗するのです。個的な生は、死を根源としています。死がなかったら、意識的な個人生活はありえなかったことでしょう。私たちは死の起源を認識することによって、死を理解し、把握します。人生と死の関係を認識することによって、人生を把握します。

同様の方法で、私たちは病気の本質を把握できます。そうすると、死の本質がもっと明らかになります。どの病気も、生命を破壊するもののように見えます。病気とは何でしょう。病気の本質を理解するためには、人間を自然と関連させて考察しなければなりません。人間が生命ある存在として自然に向かい合うと、何が生じるかを明らかにしましょう。人間は自分のなかに受け入れる空気・音・食物・光をとおして、周囲の自然と相互関係を持ちます。

ものごとを正確に考察すると、神秘学を持ち出すまでもなく、外部の事物が物質的な器官の本来の形成者であることが分かります。ある種の動物が暗い洞窟に移住すると、時間とともに目が退化していきます。光のないところでは、光を感じ取る目はありえません。ですからゲーテは、「目は光によって、光のために作られた」[6]と言いました。もちろん、「内的な建築家」であるエーテル体が物質的身体を構築したのです。内的な形成力の働きによって、外的な事物から人間が構築されます。そうして、個々の力および素材と人間との関係は、まったく異なった姿を示します。

深いまなざしを持った本当の神秘家は、私たちに多くのことを語ります。パラケルスス[7]は、人体を扇のように広げたものが外界であり、人間は外界全体のエキスのようなものであると語りました。私たちは植物を見て、パラケルスス的な意味で、「この植物のなかには、ある原則がある。健康な生体もしくは病気の生体のなかに、この植物に相応するものがある」と、言うことができます。それゆえパラケルススは、たとえばコレラを「アルセニクス」[8]と名付けました。彼の考えでは、コレラの薬は亜砒酸（アルセニク）です。人間のそれぞれの臓器と、周囲の自然のなかに存在するものとのあいだに関係があるのです。

自然のエッセンスを取り出し、それを人間に似せて形成すると、人間が出来上がるでしょう。自然全体のなかに、さまざまな文字が広がっていて、それらの文字を集めると人間になります。こうして、自然がどのように人間に作用するか、皆さんは予感できるでしょう。そして、人間は自然全体から自分の本質を組み立てる、ということを予感できます。私たちのなかに存在するものは根本的に、すべて外の自然から私たちのなかに入り込み、生命プロセスのなかに受け入れられたものなのです。外的な力と素材に生命を吹き込む秘法を理解すると、私たちは病気の本質を理解できます。

ここで私たちは、現代の知識人には理解困難なことがらに直面します。医学においては、いかに多くの概念が曖昧な作用を及ぼしていることでしょう。自然療法士が「毒」という言葉を発すると、それは人々に暗示的に作用します。毒とは何でしょう。人体における不自然な作用とは何でしょう。皆さんが身体のなかに摂取するものは、自然法則に従って作用します。何かが身体内で自然法則に従って作用できないと言ったら、それは不可解なことです。毒とは何でしょうか。一度に水をバケツ一〇杯飲んだら、それは毒です。毒だと言われているものを、正しい方法で身体に入れると、よい作用が生じることがあります。どれくらいの量を、どのような状況で取り入れるかが問題です。それ自体として毒である、というものは存在しません。

アフリカには、犬を狩りに使う種族がいます。しかし、アフリカには毒のある蝿がいて、その蝿に刺されると犬は死にます。ザンベジ川流域の野生の人々は、その毒に対する薬を発見しました。妊娠した雌犬を、ツェツェ蝿がたくさんいる地域に連れていき、ツェツェ蝿に雌犬を刺させるのです。野生の人々は、その雌犬が出産後に死ぬようにすることができます。生まれた子犬たちには免疫があり、ツェツェ蝿がいる地帯でも狩りに使うことができるのです。「生命プロセスが下降から上昇へと転じるときに毒を受け取ると、その毒は身体に取り込まれる」という、生命を理解するために非常に重要なことが起こります。そのように私たちが外的な自然から受け取ったものは、私たちを強くし、私たちを支えます。

人体全体がこのような方法で構築されているということを、精神科学は示します。本来は毒であったものから人体は構築されている、と言うこともできるでしょう。生命プロセスの後退に際して有害なものに対する免疫ができるようにしたあとで、私たちはさまざまなものを飲食できます。そのような素材を、このような方法で摂取するにつれて、私たちは強くなります。自然の素材を退けると、私たちは外的な自然に対して弱くなります。

薬学が神秘学の上に構築されていた地域では、医師は自己犠牲的に、たとえば蛇の毒を摂取します。そうすると、彼の唾液は蛇に咬まれたときの薬になります。医師は自分の体に毒を摂取し、自分を治癒力の担い手にします。まず自分が強くなり、ほかの人々をその毒に対して強くします。人体が有しうる最も無害なものが、このような方法で発生しました。人体は外界、自然を摂取する必要があります。その際、振り子のように、別の側に行く可能性が生じるにちがいありません。人間がそのような物質に触れると、その薬を受け入れることに生命体が適しているかどうかによって、薬の作用が反対側に行って、害になる可能性があります。人間は、いつもそのような物質にさらされていきます。人体が素材を受け入れるときに充分強靭なら、その薬によって丈夫になります。

健康であろうとするなら、病気を避けてはいけません。自分が外的な影響に対して強くなるかどうかは、病気になる可能性に基づいています。そのように、病気は健康の条件なのです。これは、まったく現実的な経過です。病気の結果、人間は強くなるのです。これは、まさに病気の賜物です。振り子のような振幅を生き延びた者は、病気から免疫という果実を得ます。それは、死を越えていきます。

ここから、病気の本質と死の本質を理解することができます。私たちが強さや健康を欲するなら、その前提条件である病気を背負わねばなりません。丈夫であろうとするなら、虚弱さを自分のなかに受け入れて、それを壮健さに変化させる必要があります。そのようにして私たちは、虚弱さに対して自分を守らねばなりません。

このことを生き生きと捉えるなら、私たちは病気と死を理解できるようになります。このような概念を、精神科学運動は人類にもたらします。今日では、これは多くの人にとって、まだ悟性に語りかけるものにすぎないでしょう。しかし、悟性がものごとを十分に把握すると、深く調和的な心情が人間のなかに生まれます。それは生命の知恵になるでしょう。

神秘学から汲み出された人智学の真理が危険なものになることもある、と皆さんはお聞きになったことはないでしょうか。人智学の敵対者たちは、「人智学は毒であり、人々を害する」と主張しています。人智学が場合によっては人に有害な作用を及ぼし得るということは、敵対者ばかりではなく、人智学者自身がよく知っています。「人間は強くなるために、人智学を受け入れねばならない」ということも、私たちは知っています。人智学は議論の対象であるだけではなく、精神的な薬として生活のなかで真価を発揮するものです。物質は精神的なものから構築される、ということも精神科学は知っています。精神的な力がエーテル体に作用すれば、その力は物質的身体も健康にします。唯物論私たちの世界観や人生観が健全であれば、この健康な思考内容が最強の薬です。唯物論と自然主義[9]によって弱くなった人間本性のみが、人智学が告げる真理によって病気になってしまうでしょう。しかし、彼らこそ強健になるために、人智学を摂取しなければなりません。壮健に生きる人間を作り出すことで、人智学の課題は成就されます。

生命と死についての問いを、ゲーテは美しく解きました。「自然のなかのすべては生命である。自然は、多くの生命を有するために死を発明したのだ」[◆10]。私たちは、「力強い健康を生み出すために、自然は病気を作り上げた。そして叡智が人類を力づけ癒すために、自然は叡智に、一見有害に見える作用を付け加える必要があった」と、言うことができるでしょう。

精神科学は論理的に証明されるべきだと人々に要求されて、論争が生じることがあります。これが、精神科学運動と他の運動との違いです。人智学は、単に論理的な根拠によって証明されるものではありません。人智学は人間を精神的にも身体的にも健康にするものです。精神科学は人生を高め、人生の苦痛が幸福へと変化します。そのように、精神科学の作用が外的な生活のなかで示されるにつれて、精神科学をいきいきと証明するものが増えていきます。

「精神科学は一見、毒のように見えても、薬に変化し、生活を実り豊かにする働きをする」ということに、論理的に反論できると思っている人々がいますが、精神科学は論理的に明らかにされたり、単に証明されたりするのではなく、生活のなかで真価を発揮するのです。

注

◆1 **「死は罪の報いである」**……新約聖書「ローマ人への手紙」六章二三節

◆2 **ショーペンハウアー**……Arthur Schopenhauer　ドイツの厭世主義的哲学者（1788～1860年）。主著『意志と表象としての世界』。

◆3 **エドゥアルト・フォン・ハルトマン**……Eduard Van Hartmann 無意識の哲学を説いたドイツの哲学者（1642～1906年）。

◆4 **最近の本**……『人生の問題』（一九〇六年）。

◆5 **アッシジのフランチェスコ**……Giovanni Francesco Bernardone（1182～1226年）。イタリアの聖人。小さき兄弟たちの修道会（フランシスコ会）の創始者。」

◆6 **「目は光によって、光のために作られた」**……ゲーテ『色彩論草稿』

◆7 **パラケルスス**……Paracelsus 本名 Theophratus Philippus Aureolus Bombastus Von Hohenheim（1493～1541年）。スイスの医師・自然哲学者。

◆8 **「アルセニクス」**……「これはコレラだ、それはメランコリアだ、と言うべきではない。これはアルセニクス、それはアルミノスムだ。メランコリアでなく、コレラでなく、土星であり、火星である」パラケルスス『パラグラヌムの書』

◆9 **自然主義**……精神現象を自然の所産と考える立場。真や善を自己保存等の自然的事実で定義し、人間は遺伝と社会環境で決定されると主張する。

◆10 **「自然のなかのすべては生命である。自然は、多くの生命を有するために死を発明したのだ」**……ゲーテ『自然』。

神経 - 感覚系―リズム系―四肢 - 代謝系〈二〉

人智学(アントロポゾフィー)が育成した認識方法によって、人間は身体・心魂・精神の総体として考察されます。人間の本質全体に注目するときにのみ、人間存在における健康状態と病的状態を内的に認識できるようになります。人間において経過するものと、自然における外的な経過、ならびに物質の状態との関係を知ることによって、病理学と治療を直結することができます。

なによりも、人体のなかでは一方で崩壊が生じ、他方では絶えず構築が行なわれることに、正しく注目することが大事です。人間の肉体は、五感によって知覚できます。五感で知覚される人間の肉体の様子は、悟性で把握できます。この物質的身体のほかに、人間の第一の超感覚的な〈体〉として、エーテル体すなわち生命体を、私たちは識別します。人間存在全体の、この二つの部分が人体の構築に仕えています。

物質的身体は素材を排泄することによって、絶えず更新されています。成長の力、栄養摂取の能力を内に含むエーテル体の特質の全容は、春に生長し花咲く植物界を考察するときに観照できます。植物は人間と同様、エーテル体すなわち生命体を有しているからです。この人間の二つの部分は、前進的・構築的な発展をしていくものです。

人間は感受する存在であることによって、さらなる〈体〉であるアストラル体を自らの内に担っています。アストラル体という表現につまずかないように願います。アストラル体は本質的に感受を仲介するものであり、内的・感情的な本質を担うものです。アストラル体は、もはや内に構築の力を含んでいません。アストラル体は自らの内に、解体の力を担っています。エーテル体をとおして、人間本性は芽生え、芽吹きます。芽生え、芽吹いたものは、アストラル体をとおして絶えず解体されます。まさに、物質的・エーテル的なものが絶えず解体されることにより、人間のなかで心魂的・精神的な活動がなされるのです。

構築プロセスのなかに人間の精神的・心魂的なものが存在すると思うなら、まったく誤りです。構築と絶えざる発展が、遂には、たとえば神経系などにおいて精神的・心魂的なものの担い手になる、ということはありません。自然科学が、いままでの道をさらに前進すると、「神経原理においては構築は本質的ではない」ということが明らかになるでしょう。まもなくそうなることを、あらゆる兆候が示しています。神経系における構築的なものは、神経を存立可能にするために存在しているにすぎません。神経の経過は、ゆっくりしたものであるにしても、絶えざる崩壊であると理解すべきです。それは解体されていくものであり、物質的なものが崩壊することによって、精神的・心魂的なものに場を空けるのです。

これは、さらにはっきりと自我オーガニゼーションに当てはまります。自我オーガニゼーションをとおして人間は、地上の自然存在すべての上に位置しています。自我オーガニゼーションは本質的に、常に解体を行なっています。人間存在において解体が行なわれる場所で、自我オーガニゼーションは最も効力を発します。人体という見事な構成物を洞察すると、おのおのの器官のなかに構築と解体が見られます。構築によって器官は成長し、前進的な発展に仕えます。解体によって器官は物質の後退に寄与し、そうすることによって、人間のなかで精神・心魂が場を占めることに役立つのです。

体内のどの器官にもある、構築と解体の均衡状態が乱されることがあります。構築が優勢になりすぎると、私たちは病的な状態になります。まず抽象的な話をし、あとで具体的に説明しましょう。私たちが人間の内部を見て、良心的に科学的責任感をもって研究するとしましょう。単に「構築と解体が存在する」と、紋切り型に語るのではありません。いまや完成の域に達している科学的な観察方法から学んだ科学的良心をもって、個々の器官を研究しましょう。そうすると、個々の器官に必須の均衡状態があるのが分かります。そして、健康な人間はどうあるべきかについての見解が得られます。構築の方向あるいは解体の方向へと器官の均衡が乱されると、人体は病的にならざるをえません。

人体が外界の三つの自然界、すなわち鉱物界・植物界・動物界とどのように関係しているか、考慮しなくてはなりません。この三つの自然界から、私たちは薬を採らねばなりません。人間の内的な均衡状態に広範囲にまなざしを向けると、人体の外、すなわち自然界の三つの領域のなかに存在するものが、さまざまな方法で人体のなかで制されるのが分かります。

最もわかりやすいもの、人体における熱の状態を取り上げましょう。外界の熱が、そのまま人体の内部に継続していってはなりません。熱現象を外の自然のなかに追っていくと、「熱は外界の事物の温度を高める」ということが分かります。「熱が事物に浸透する」と、私たちは言います。もしも、人体が一個の事物のように熱に浸透されたら、私たちは病気になることでしょう。

私たちは自身の強さと質をとおして、私たちに作用する熱プロセスをすぐさま人体内に受け入れ、それを内的なプロセスに作り変えるときにのみ、健康な状態にあります。外的な熱あるいは冷たさが私たちを捉えるときに、私たちが外的な熱や冷たさを身体組織のなかに受け入れることができないと、私たちの身体は損なわれます。

これはだれもが容易に洞察できます。その他の自然経過に際しても、同じことが起こっています。精神的な観照をとおして鋭くされた入念な研究だけが、「自然のなかで生じるどのプロセスも、人体のなかで転換・変換・変容される」ということを認識するにいたります。私たちは内部オーガニゼーションのなかで、私たちの周囲の地上領域に存在するものを絶えず克服しています。

人間の内部オーガニゼーション全体を取り上げると、「外的な経過とプロセスを、人間の力は内部で変化させる。その内的な力が、絶えず人間に作用する。たとえば食事を楽しむとき、この能力は減る。そうすると、外から人間のなかに入ってくるものが、異物として作用する。世俗的な粗略な言い方をすれば、人間は異物に満たされ、異質なプロセスに満たされる」と言うことができるでしょう。

あるいは、アストラル体と自我オーガニゼーションという人間の高次の部分が過度に発達すると、周囲から自分のなかに入ってくる外的プロセスを、人間は適度に変容させるだけでなく、極端に変容させます。プロセスが加速されて、人間のなかに突入してきます。外的な自然は人間的なものを越えていき、俗っぽい表現を用いるなら、「あまりに強く霊化される」と言えます。そうすると、健康が害されます。このように抽象的・原則的に示唆したものが人間のどの器官にも存在しているのです。それを、ひとつひとつの器官について研究しなければなりません。どのように外的なプロセスを転換するかに関して、人間は非常に複雑な動きをします。

論難の余地のない今日の解剖学と生理学から得られる認識を越えて研究していこう、と試みる人がいるとしましょう。死体の研究、あるいは症例の研究によって人体について得られる見解を転換させて、無機的な構造ではなく、生命的な存在・活動として人体を観察する人です。そのように研究する人は、人体に向き合って途方に暮れます。人体を生き生きと正確に知るにつれて、人体はますます複雑なものに思われてくるからです。しかし、迷路を歩み通せる指針はありません。ここで、すこし個人的なことを話したいと思います。

私は一九一七年（著書『心魂の謎』[◆1]）に、人体の三分節について発表しました。それ以前に三〇年間、人間の総体・全体を見通すための方針を見出すことに努めました。まだ若かった二〇代前半に、「複雑な人体を一定の方針で解明し、概観できる可能性はあるだろうか」という問いを抱きました。そして、探究に三〇年かかったのですが、人体全体を三つの側面から考えることができる、ということが明らかになりました。〈神経・感覚系〉〈リズム系〉〈四肢・代謝系〉に区別できるのです。

人体のなかで神経・感覚系と名付けられるものが一体をなしています。これは、「表象のいとなみ」と言われるものすべての担い手です。また、リズム系と名付けることのできるものが、それ自体で完結したものとして存在しています。呼吸のリズム、血液循環のリズム、眠りと目覚めのリズム、その他、人間のなかでリズミカルに経過する多数のものです。私はリズム系を神経・感覚系から、事実に即して正確に区別することによって、人体の区分に着手しました。当時は今日よりも、生理学の原則的な問いが人々の心に重くのしかかっていました。いまから、ほとんど四〇年前です。私は、「経験される現象に則って、〝心魂のいとなみ全体、思考・感情・意志が神経系と感覚系に結び付いている〟と語ることはできるだろうか」という問いを出しました。そして、「思考・感情・意志すべてが神経・感覚系に結び付いている」というのは矛盾であり、ありえないことだということが明らかになりました。

きょうは詳細を語ることはできず、示唆できるだけです。しかし、治療の領域にいたると、多くのことが解明されます。たとえば、本当に生理学的なまなざしによって、音楽が人間におよぼす作用を正確に研究してみましょう。音楽体験は人間のすべてのリズムと密接に結び付いている、ということが分かります。そして他方で、音楽における心魂的なものを把握し、メロディー、ハーモニーの体験において感情を虚心に研究してみましょう。そうすれば、まず「人間の感情のいとなみ全体は神経系に直接結び付いていない。感情のいとなみはリズム系のなかで体験される」と思われます。ただ、私たちが音楽において直接リズム系のなかで体験されるものを表象へと高め、そこで体験されるものが一つの感情世界になると、その表象は神経系によって担われます。そして、神経系とリズム系は内的・組織的に異なる、ということに人々は思いいたります。

現代の生理学が提供できるものを、すべて検討してみましょう。なによりも、皆さんが音楽において外的に経験できるものを、生理学がどう解明しているかを取り上げてみましょう。そして音を知覚するときの人間の耳を研究し、耳が音楽を把握する様子を研究しましょう。そうすると、「聞こえるもの、つまり感覚的に知覚できるものは、まず人間のリズム系に受け入れられる。そこから感覚系・神経系のなかに、リズミカルに上昇していく。そして、神経系をとおして表象される」と、思われるでしょう。私たちのリズム系は、感情のいとなみに直接結び付いています。思考の担い手である神経系は、間接的にしか結び付いていません。私たちが自らの感情を思考において意識するかぎりにおいては、神経系は感情の担い手です。思考内容は、神経系に担われます。同様に、生理学によって四肢・代謝系を解明してみましょう。代謝と四肢の二つを一つにまとめるのは変だ、と思われるかもしれません。しかし、運動性のもの、動くものすべて、手足と関連するものすべてが、いかに代謝に反応するか、考えてみればいいのです。四肢・代謝系は、一つにまとまったものです。正確にものごとを調べると、四肢・代謝系が、人間のあらゆる意志現象の直接の担い手であることが判明します。四肢・代謝系のなかで生じる意志の現われの担い手は、リズム系のなかに働きかけ、力をおよぼし、ついで感情のなかに移っていきます。

人体組織のなかで、代謝系とリズム系のあいだには直接的な関連があります。私たちの意志が代謝の経過のなかで直接発揮されることによって、私たちの感情は意志のなかで直接発展します。私たちはリズム系のなかで、間接的に意志を感じ、体験します。そして、代謝系とリズム系が神経・感覚系に力を送るので、私たちは自分が欲するものについて思考するのです。

そこで人体の一部分が洞察され、それが人体を考察するための指針になります。人々は神経・感覚系のなかにあるものを洞察し、それを四肢・代謝系のなかにあるものと比較します。リズム系は、とりあえず、その中間に置いておきましょう。そうすると、完全な対立が見出されます。神経・感覚系と四肢・代謝系は対極にあります。四肢・代謝系が構築すると、神経・感覚系が解体します。その他にも多くのことが、対極性を証明します。

このような方法で人体を洞察すると、自我オーガニゼーションが密接に神経・感覚系に結び付いているのが分かります。人間のエーテル体は、密接に四肢・代謝系に結び付いています。アストラル体はリズム系に結び付いています。物質的身体は三つの系全部に浸透していますが、自我・アストラル体・エーテル体によって絶えず制されています。そのように人間を洞察すると、人体の正常なプロセスと異常なプロセスも洞察できます。個々に論議するために、詳細に考察してみましょう。神経・感覚系を取り上げましょう。

誤解されないよう、付け加えておきたいことがあります。この区分を私は人間の本質の基盤にしました。それを悪意ある自然科学者が表面的に聞いて、私が頭部オーガニゼーション・胸部オーガニゼーション・下半身オーガニゼーションを区別しようとしている、と言いました。私が神経・感覚系を頭部に集中させ、リズム系を胸部に、四肢・代謝系を下半身に集中させたというのです。これは悪意のある解釈です。

人間のなかで神経・感覚系は主に頭部に集中していますが、神経・感覚系は他の二つの組織のなかにも見出されます。リズム系は特に中央部に位置していますが、人体全体に広がっています。同様に、代謝系は人体のいたるところに見出されます。器官が互いに空間的に分離しているということが問題なのではありません。質的なもの、個々の器官のなかに生き、器官に浸透しているものが問題なのです。そのように把握して、神経・感覚系を研究すれば、神経・感覚系が全身に拡張しているのが分かります。

ただ、例えば目や耳は、最も集中的に神経・感覚系を含有するように組織されています。目や耳にはリズム系は少なく、代謝系はさらにわずかです。たとえば腎臓は、目や耳の場合ほど多くはありませんが、自らの内に幾分かは神経・感覚系を有しています。腎臓はリズム系・代謝系を多く有していますが、人間の三部分すべてを内に有していま す。

「ここには感覚がある。そこには消化器官がある」と述べるなら、人間を理解していません。そのようではなく、実際はまったく別です。感覚器官は、おもに感覚器官なのです。どの感覚器官も、ある意味では消化器官であり、リズム器官です。腎臓や肝臓は、おもに栄養摂取器官・分泌器官なのであり、二次的な意味では感覚器官でもあるのです。

生理学はしばしば、個々の器官を現実的に見ずに、空想的な概念を形成します。ですから私たちは、神経・感覚系から人体の個々の器官を現実的に見ると、「人間は個々の感覚（視覚・嗅覚・聴覚など）をとおして外界を知覚する」ということを見出します。私たちは、人体全体が感覚系に浸透されているのを見ます。例えば腎臓は、消化プロセスと分泌プロセスにおいて遂行されているものを精妙に知覚する感覚器官です。同様に、肝臓はある点で感覚器官です。さらに心臓は高度に、内的な感覚器官です。そのように把握して初めて、心臓を理解することができます。

私は現代の科学を批判したいのではありません。私は現代の科学の功績を十分に認めています。そして、私たちの見解を現代科学に立脚させたく思っています。現代科学には今日、正確に人間の本性を洞察する可能性がありません。もしも、その可能性を持っていたら、いま行なっているように、動物を人間に近いものと見なすことはないでしょう。動物は感覚のいとなみに関して、人間よりも一段低い段階にあるからです。人間の神経・感覚系は、自我オーガニゼーションのなかに紡ぎ込まれています。動物の神経・感覚系は、アストラル体のなかに紡ぎ込まれているだけです。人間の感覚のいとなみは、動物の感覚のいとなみとはまったく異なっています。

動物が目で何かを知覚すると、何かが動物の全身を通過していきます。これは、目の構造を正確に研究すると明らかになります。動物の場合、人間のような経過は辿りません。人間においては感覚知覚は周辺にとどまり、表面に集中しています。動物の体には精妙な組織が存在します。その組織は、高等動物においては、たいていエーテル体のなかにのみ存在します。しかし下等動物においては、たとえば剣状突起[2]があります。一方高等動物はエーテル状の剣状突起を、有しています。あるいは、目のなかに櫛状突起[3]があります。この器官は血液に浸透されており、目が動物の全身に関与していることと、周囲のいとなみを仲介していることを示します。

　人間は動物とはまったく別なふうに神経・感覚系と関連しており、それゆえ、動物よりも遙かに外界のなかに生きています。動物は、もっと自らの内に生きています。人間の高次の精神的な部分によって仲介されるものは、すべて自我オーガニゼーションをとおして神経・感覚のいとなみとして発揮されます。そのいとなみは物質的身体の領域内にあるために、感覚界・物質界からの影響、物質的影響も受けます。

　さて、完全に健康な状態において、人間のなかで機能する神経・感覚系を正確に研究しましょう。そうすると、神経・感覚系が物質ならびに物質のなかで生起するプロセスに依存しているのが見出されます。物質は決してただ安らいでいるものではなく、経過を示現しているのです。たとえば水晶は、私たちがプロセスを見ないと、限定された、輪郭のあるものです。しかし、非常にゆっくりと進行するものではあっても、経過が存在します。私たちはもっと人体のなかに入り込んで、相互作用を理解しなければなりません。人体のなかに入ってくる外的・物質的なものは、人体に受け取られたあと、人体のなかで制されねばなりません。

特別興味深いのは、通常の健康な状態にある人間の神経・感覚系が、人体のなかに入ってくる珪酸の影響下に生じる精妙なプロセスに比較的依存していることです。外的・物質的な自然のなかで美しい水晶へと形成される珪酸は、人間のなかに入って、人間に制されると、神経・感覚系のプロセスに受け取られるという特徴を示します。精神の目で見ることができると、人間の神経・感覚系のなかで生じている非常に精妙なプロセスが見えます。そのプロセスは、珪酸実質のなかで作用しています。「人体は、いたるところ感覚である」ということに注目するなら、特別に感覚が集中する人体周辺においてのみ、盛んな「珪酸プロセス」が演じられている、ということに私たちは気づきます。もっと人体の内部、肺・肝臓・腎臓などの臓器があるところでは、珪酸プロセスが弱まり、薄まるのに気づきます。そして骨のなかで、珪酸プロセスはふたたび強まります。

このような方法で、人間の独特の構造が生じます。いわば人間には、感覚が集中している表面・周辺があります。そして、手足を担うもの、つまり骨格系を人間は有しています。その中間に、筋系・腺系などがあります。私が述べた周辺と中心のなかに、最も強力な珪酸プロセスが存在します。中間にある器官のなかでは、珪酸プロセスが周辺におけるよりは弱くなっています。内から外へ、神経から感覚系へ移行するところでは珪酸が多量に必要とされ、人体の中央部では珪酸の必要性は比較的少なく、骨格系が運動システムの基盤になっているところで人間はふたたびもっと珪酸を必要とするのです。

こうして私たちは、人体オーガニゼーション全体の観照をとおして、いかに事細かに定められたプロセスが人間のなかで進行しているかを知ります。これを知ると、現時点での生理学の報告がいかに正確でないかに思いいたります。もう一度はっきり言っておきますが、私は批判するつもりはなく、申し立てをしておきたいだけです。

人間の生命を今日の生理学の意味で研究するなら、例えば呼吸プロセスへと導かれます。このプロセスはある点では複雑ですが、その本質は、人間が外の空気から酸素を受け取り、呼気をとおして炭酸（二酸化炭素）を吐き出すという点にあります。これは本来、人間の有機的生命の基盤をなすリズム‐プロセスです。このプロセスを追っていって、「吸気をとおして、空気から酸素が受け取られる。そして、生理学の述べている経過をとおして、酸素は全身に移行し、血液中の炭素と結合して、呼気とともに炭酸（二酸化炭素）が出ていく」と、言われることがあります。この言い方は、単に外的な観察方法にとっては正しいと言えます。しかし、この酸素と炭素に生じるプロセスは、ほかのプロセスとも結び付いています。私たちは単に酸素を吸い込んで、体内で炭素と結び付けているのではありません。そのように結び付くのは、特に人体下方に広がる酸素です。

このリズミカルな経過には、別の精妙なプロセスが基盤になっています。人体のなかで頭に向かい、神経・感覚系に向かっていく酸素は、珪素と結び付きます。そうして、珪酸が形成されます。代謝系にとっては炭酸の製造が重要ですが、神経・感覚系にとっては、体内での珪酸の製造が重要です。ただ、それは精妙なプロセスであり、粗雑な器具によって観察することはできません。

しかし、そのプロセスを追求するための、さまざまな手段があります。呼吸は粗雑なプロセスだと言えます。吸い込んだ酸素が私たちの人体の炭素と結び付き、炭酸（二酸化炭素）が吐き出されます。そのかたわらに、精妙なプロセスがあります。酸素が珪素と結合して珪酸になり、人体内で分泌されます。珪酸が分泌されることによって、人体全体が感覚器官になります。人体周辺部は大いに、各器官は幾分か、感覚器官になります。

このような仕方で人体を眺めると、その精妙な構成が洞察できます。そして、個々の器官が実質に結び付いた一定のプロセスを有しているのが見られます。個々の器官が珪酸とどのように関係し、他の無数の物質とどのように関係するかが見られます。健康と病気を把握しようとするなら、このプロセスが人体のなかでどのように演じられるか、理解しなくてはなりません。

例として、腎臓を取り上げましょう。なんらかの状態、なんらかの症状から、病気の経過の主な原因が腎臓にあると思われるとします。精神科学を診断に用いると、この腎臓が周囲の消化プロセスと分泌プロセスを感覚する器官としてはほとんど働いていない、ということが分かります。腎臓があまりにも代謝器官になりすぎていて、均衡が崩れているのです。そのような場合、私たちはなによりも、「どのようにして、この腎臓をもっと感覚器官にしようか」と考える必要があります。「腎臓が十分に消化プロセスと分泌プロセスのための感覚器官になっていないことを示しているので、珪酸を必要なだけ腎臓に与えねばならない」と、私たちは言うことができます。

人智学から言うと、人体が必要とする物質を補給する方法が三つあります。第一は、その物質を食料のように、経口で薬として体内に与えるという方法です。この場合、その物質を作用すべきところにもたらすように、消化系が整えられていることが大事です。これは、非常に多くの場合に行なわれます。口をとおして物質を消化するとき、それが人体のなかでどのように作用するか、心臓に作用するのか肺に作用するのかなどを知らねばなりません。

第二の方法は注射です。注射で直接、物質をリズム系のなかにもたらします。そうすると、プロセスが進行し、代謝における物質素材の処理がリズミカルな活動へと変化します。私たちは直接、リズム系に働きかけます。あるいは、第三の方法を試みます。物質を軟膏にして、人体の正しい場所に塗るか、あるいは薬浴その他の方法を用います。物質を外的に人体にもたらすことによって働きかけようと試みるのです。このように、物質を人間にもたらす三つの道があります。

腎臓を考察してみましょう。診断によって、腎臓の感覚能力が低下していることが分かったとしましょう。この場合、私たちは腎臓に正しい珪酸プロセスを補給しなくてはなりません。そのとき、配慮すべきことが一つあります。呼吸プロセスにおいて酸素が珪素と結合し、珪酸が全身に広がります。その際、腎臓に行く珪酸が少ないので、もっと強力な珪酸プロセスが腎臓に向かうように私たちは配慮しなければなりません。

腎臓のための珪酸を十分に作れない人体をどのように助けたらいいか、私たちは知らねばなりません。腎臓に欠けているプロセスに外界で相当するものを、私たちは見出さねばなりません。「珪酸プロセスを腎臓にもたらすために、私たちはどのような手段・方法を見出せるか」と、私たちは探求しなくてはなりません。

腎臓の機能は感覚機能でもあります。そのために、その機能は人間のアストラル体に依存するということが分かります。アストラル体は特に、分解プロセスの特別の形態である分泌プロセスの基盤になっています。私たちはアストラル体を刺激しなければなりません。私たちが外から補給する珪酸を、アストラル体が腎臓にもたらすような刺激の仕方をしなくてはなりません。

そのためにはまず第一に、珪酸プロセスを刺激する薬が必要です。第二に、特に腎臓において珪酸プロセスを刺激することが必要です。周囲の植物界に薬を探すと、珪酸を多量に含むスギナが見出されます。単に珪酸を摂取しても、腎臓に達しません。スギナは、そのほかに、硫酸塩を含んでいます。硫酸塩を用いると、リズム系・分泌器官、特に腎臓に作用します。スギナの硫酸塩は、珪酸が腎臓に作用しやすくします。スギナにおけるように、硫酸塩が珪酸と密接に結合している薬の場合は内服することができますが、それがうまく行かないことが明らかになったときは、別の方法を用います。いま説明したのは、ある腎臓病のケースです。私たちは正確に処置し、不足しているプロセスを腎臓に補給し、病理学から治療へと一歩ずつ橋を架けたのです。

ほかの例を取り上げましょう。消化器系に、消化不良と言われる障害があります。精神科学的に取り組むと、十分に力強く働いていない自我オーガニゼーションが問題だ、ということが見通せます。なぜ、その自我オーガニゼーションは十分に強く働かないのでしょう。それが問題です。自我オーガニゼーションが十分に強く働かない原因を、人体の機能のなかに探さねばなりません。

ある場合には、胆汁の分泌が不十分だということが見出されます。そのような場合、私たちは自我オーガニゼーションを助けねばなりません。腎臓機能に対してスギナを用いたように、胆汁分泌機能に対しては、作用の弱った自我オーガニゼーションを助けるものを身体に補給する必要があります。それが正しい場所にいたると、自我オーガニゼーションを助けます。正常に機能している神経・感覚系の基盤になっている珪酸プロセスを正しく腎臓に導き入れると、腎臓の感覚能力が高まります。同様に、特に自我オーガニゼーションに相応している胆汁分泌のプロセスは、一定の方法で炭素と関連して人体のなかで働きます。

そこで、奇妙なことが明らかになります。消化不良を治すために炭素を正しい方法で人体に導き入れたいなら、どの植物にも炭素は含まれていますが、胆汁の機能へと誘導される形では、チコリのなかに含まれています。チコリから正しい薬を調合できれば、私たちは炭素プロセスを胆汁の機能に導いていけます。スギナから作った薬によって珪酸プロセスを腎臓のなかにもたらすのと同様です。

容易に見通せる軽症の病気、場合によっては非常に重症になる病気を例にして、私は原則を示そうと試みました。一面では精神科学的に見通すことをとおして、他面では、さまざまな自然の産物の相互関係を見通すことをとおして明らかになる原則です。大切なことは第一に、病気のプロセスを見ることです。第二に、進行する病気のプロセスを転換させるために必要なものを見出すことです。こうして、治療は展望可能な技能になります。

これが、人智学と呼ばれる科学的探究方法から医術・治療・医学が得ることのできるものです。これは空想ではありません。人智学は非常に正確に人間全体を見通し、人間を物質的側面・心魂的側面・精神的側面から把握するように研究を促します。人間の健康な状態と病的な状態は、物質的側面・心魂的側面・精神的側面の作用に拠ります。人間を神経・感覚系、リズム系、四肢・代謝系に区分することをとおして、さまざまなプロセスと、その度合も分かります。

まず感覚機能の本質に注意すると、腎臓のなかにいかに感覚機能が存在するかが認識できます。そうすると、病気を見通すことができます。そうしないと、粗雑な方法で感覚機能を通常の感覚のなかにのみ探究することになります。

四肢・代謝系のなかでは、神経・感覚系のなかで生じるのとは逆のプロセスが行なわれています。本質的な神経・感覚プロセス、たとえば頭部神経のなかで行なわれるプロセスは、頭部で経過していれば正常ですが、四肢・代謝系に移行することがあります。神経・感覚系において生じれば正常なものが、アストラル体と自我オーガニゼーションの異常によって、四肢・代謝系において生じることがあります。つまり、ある系にとっては正しいものが、ほかの系で変容して、病気を引き起こすことがあるのです。

たとえば神経・感覚系に属するプロセスが別の系のなかに現われることによって、病気のプロセスが生じます。チフスがそうです。チフスは、神経系に属するプロセスを示します。そのプロセスは物質的身体の神経系のなかで生じるべきなのに、エーテル体のなかの代謝系のあたりで起こって物質的身体に移り、チフスが現われます。そこに発病の本質を洞察することができます。

あるいは、感覚器官のなかで活動する力が、誤った場所で活動することがあります。感覚器官を発生させるために、その力は感覚器官のなかで活動しなくてはなりません。感覚器官のなかで働くものが、変形して、ほかの場所で活動することがあります。耳の活動を取り上げましょう。神経・感覚系の代わりに、ほかの場所、例えば代謝系がリズム系と結び付くところに耳の活動が刻印されるとします。そうすると、誤った場所に、感覚器官への異常な傾向が生じます。癌腫が現われ、癌が形成されるのです。このように人間を見通すと、癌腫の場合、感覚形成を別の場所に移行させる傾向がある、ということを認識できます。

医学が人智学によって豊かなものになれば、一定の系のなかでは正常なものが、ほかの系のなかに移されることによって異常なものが形成される、ということが洞察されます。これが大事な点です。そのように人体を見通すことによって、健康な状態の人体、病気の状態の人体を本当に理解できるようになります。そして、病理学から実際の治療へ、病気の観察から適切な治療へと、橋を架けることができます。これらのことがらが全体との連関において示されるなら、そのような観点からの研究は現代の医学と矛盾しない、ということが分かることでしょう。

その第一歩として、私とアーレスハイム（スイス）の臨床・治療研究所のヴェークマン博士[4]との共著が、まもなく出版されます。精神科学の観点から述べることのできるものが示されている本です。現代の医学に矛盾するものではなく、現代の医学を補うものです。その本は、現代科学を正当に評価し、精神科学的な研究をとおして医術と治療に実りをもたらすものになるでしょう。科学的な誠実さをもって、これらのことを詳細に追っていくと、アーレスハイムの国際実験所のような研究所で行なわれている努力も認められるでしょう。その研究所では、ここで示した原則に従って一連の新しい薬が作られています。

注

◆1 シュタイナー著作『心魂の謎』……Von Seelenrätseln　シュタイナーが人智学と哲学・心理学・生理学との関連を述べた著作。一九一七年刊。

◆2 剣状突起……胸骨体下縁に接する細長い小部。胸骨が下方に伸びたもの。

◆3 櫛状突起……鳥と亀の目の中にある付属物。

◆4 ヴェークマン博士……Maria Ita Wegmann　アントロポゾフィー医学の基盤を築いたオランダの医師（1876～1943年）。少女時代をインドネシアで過ごし、一九〇二年にシュタイナーに会ったのち、チューリッヒ大学医学部で学んだ。シュタイナーとの共著に『精神科学的認識による医療拡充のための土台』（一九二五年）がある。

神経‐感覚系―リズム系―四肢‐代謝系〈二〉

私が示唆した方法で人間の生体を考察するとき、健康な人間と病気の人間を判断するために多くのことがらが重要になってくるのですが、それらの価値は十分に正しく理解されていません。私が試みた物質的な人体の三分節を、今日の人々はわずかしか理解していません。病理学と治療学に関する非常に多くのことにとって、物質的な人体の三分節を正しく評価することが大変重要です。

人体の三分節においては、神経・感覚系すべては主に頭部に局限されたものと見なされるにちがいありません。しかし、頭部オーガニゼーションは全身に広がっています。たとえば、人間の皮膚と人体全体のなかで神経・感覚機能と見なされねばならないものすべてが、神経・感覚系に属します。ただ生体内での作用に関しては、まず理論的に神経・感覚系をその他の組織全体から際立たせないと、根拠のある見解に到達できません。

第二の系統は、人間のリズム系です。これには人体の機能のなかでリズムに従うものすべてが包括されます。まず、主に血液循環系に結び付いた呼吸系があります。それから、昼と夜のリズム、眠りと目覚めのリズムです。人間はこのリズムを乱しがちですが、それでもリズムとして通用しています。その他のリズム、食事のリズムもそうです。リズムを乱すと、なんらかの方法で、人体のなかにある調整機能によって均衡が取られねばなりません。リズム系が人体の第二の部分です。

そして、代謝系を第三の部分と見なさねばなりません。私は四肢も、第三の部分に加えます。手足の動きをとおして機能するものは、一般的に、代謝と密接に関連しているからです。

この人体の三分節を取り上げると、特に自我と関連する機構が、代謝系と関係しているのが分かります。代謝系は人間存在全体に広がっています。リズム系は、心臓と肺に関係しています。腎臓機能、腎臓から発するものが、人間のアストラル・オーガニゼーションに関係しています。つまり、三部分からなる人間は、超感覚的な人間本性の個々の構成要素に関係しており、個々の臓器に関係しています。この関係が健康と病気を認識するにあたって真価を発揮するには、個々における関係を、もっと正確に考察しなければなりません。リズム系から出発するのが最良でしょう。

さて、人間のリズム系の特性は、しばしば正しく評価されていません。その特性とは血液循環と呼吸の間で明らかになる関係性です。大人の場合、この関係はほぼ四対一ですが、もちろん、これは近似値であり平均値です。この関係は個々人において異なっています。そこに、人体の健康と病気の度合いが表現されます。リズム系に現われる四対一の関係は、人体全体へと継続していきます。四対一の関係が、代謝系と神経・感覚系に関しても存在します。四肢は代謝系に属しており、「人間の代謝に関連するプロセスは、人間の成長のために神経・感覚系から生じるものよりも四倍速く進む」と、言うことができます。

さらに、「子どもに永久歯が生える。それは、人間の代謝系が絶えず神経・感覚系にぶつかることによって、人間の代謝系のなかで生起するものを表現している。人間の代謝系から中央部のリズム系へと継続するものは、神経・感覚系からリズム系へと継続するものに対して、四対一のテンポになっている」と、言うことができます。正確に言うと、「呼吸系のなかに、神経・感覚系が律動的に継続している。そして、循環系のなかに、代謝系が律動的に継続しているのを見ることができる」ということです。

「代謝系の作用が、リズム系のなかに送られている。つまり、人体の第三の部分が第二の部分に作用する。それが血液循環のリズムをとおして、日々の生活のなかに表現されている」と、言うことができます。

神経・感覚系は呼吸系に作用し、それが呼吸のリズムに表現されます。リズム系のなかに、四対一の関係を観察することができます。七十数回の脈拍のあいだに十八回の呼吸です。この四対一の関係で、神経・感覚系と代謝系がいわば衝突しています。そもそも人間の代謝の経過のなかに到来するものすべてが頭部組織システム、すなわち神経・感覚系から発するものと衝突するのを観察すると、この関係を見てとることができます。これは非常に重要な関係です。

私たちは率直に、「子どもに永久歯が生えるのは、代謝系が頭のなかまで進入したのである。代謝系と神経・感覚系が出合うとき、最初は神経・感覚系が優勢である」と、言うことができます。また、「子どもが七歳ごろに永久歯が生えるとき、代謝系と神経・感覚系が衝突するのである。永久歯は、いわば神経・感覚系と代謝系から発した構成物である。神経・感覚系の作用が優勢であり、このぶつかりあいの結果、永久歯が発展していく」と、言うことができます。

人間が性的に成熟する時期に、代謝系と神経・感覚系が再び衝突します。しかし今度は、代謝系が優勢です。たとえば男性の場合、この年齢までは本質的に神経・感覚系を表現するものであった声が、代謝系がぶつかることによって変化し、声が太くなります。

この作用全体のなかで、一方では腎臓と肝臓・胆嚢から発する作用、他方では頭部・皮膚から発する作用、つまり神経・感覚系の基盤になっている作用がいかに重要かを私たちは観察します。そうすることによって、この作用全体を理解できます。これは非常に興味深い関係であり、人体の最奥に導いていく、と言うことができます。有機体の形成を、つぎのように思い描くことができます。腎臓・肝臓の側からの作用が、頭部からの彫塑的形成力と出合います。

そこで生じることを図式的に描くとすれば、「肝臓・腎臓システムから、上方だけでなく、あらゆる方向に放射が行なわれる。この放射は、やや過激に作用する傾向がある。しかし、この放射はいたるところで、頭部から発する彫塑的形成力によって鈍いものにされる」と、言わねばなりません。肺の形態は、肝臓・腎臓から彫塑的に作られ、これらの成分に丸みを帯びさせて仕上げるものが頭部からやってきます。「腎臓・肝臓システムから、放射状の形態が発する。頭部によって、この放射状の形態が丸くされる」と考えることができます。こうして、人体全体が形成されます。

個々のことがらのなかで経験的に証明される、非常に重要な事実に目を向けてみましょう。人体組織のなかで、特に人間が成長するときに二つの力の成分が活動している、という事実です。肝臓・腎臓から発する力の成分と、形態を丸くし、形態の表面を形成する力の成分です。双方の成分がぶつかりあいます。しかし、同じリズムでぶつかりあうのではなく、異なったリズムでぶつかりあいます。肝臓・腎臓から発するものは、すべて代謝系のリズムを持っており、頭部から発するものは、すべて神経・感覚系のリズムを持っています。つまり、自分の有機的組織をとおして、七歳ごろに永久歯が生える準備ができると、人間は代謝系のなか、腎臓・肝臓から発するもののなか、心臓のリズムに基づくもののなかで、頭から発する別のリズムに服します。これが四対一の関係です。

人間は代謝系に関して七歳で到達した地点に、頭部に関しては二八歳で到達します。彫塑的原則は、放射原則・非彫塑的原則よりもゆっくり進みます。彫塑的原則は、四倍ゆっくりと前進します。これは、代謝からやってくるものに関して私たちが七歳の終わりごろにいたる地点に、神経・感覚系に関する成長においては二八歳になっていたる、ということに関連しています。

このように人間は複雑な存在であり、まったく異なったリズムに則った二つの流れ、二つの動きが人間のなかで活動しています。たとえば永久歯は、代謝に関連するものが、ゆっくりではあっても強烈な彫塑原則にぶつかることによって発生します。歯においては、彫塑的要素が優勢なのです。性的成熟期には代謝の要素が優勢であり、彫塑的要素は退いています。この要素は男性において、よく知られた現象によって表現されます。しかし、これには人体における別のものが関連しています。人間が病気になる可能性が最も大きいのは、根本的に永久歯が生えるまでの時期なのです。病気になる可能性が最大なのは乳幼児期です。永久歯が生えると、本来、病気になる内的傾向はなくなります。この関係を正確に研究することが、私たちが仕上げねばならない教育学に課せられています。健康と病気についての認識なしに理性的な教育学を築くことはできないからです。

人間は本来、本質的に、永久歯が生えてから性的に成熟するまでの時期が最も健康なのです。その後ふたたび、病気になりやすい時期が始まります。永久歯が生えるまでの時期に病気になるのと、性的に成熟してから病気になるのとは、根本的に異なっています。永久歯が生えることと声変わりとが異なっているのと同様に、病気になる二つの可能性は異なっています。永久歯が生えるまでの子どもにおいては、すべてが神経・感覚系から発して、人体の外縁までいたります。本質的に、すべてが神経・感覚系から発するのです。神経・感覚系は、永久歯が生えるときには、まだ優勢です。その神経・感覚系から、七歳までの病的現象は発するのです。「腎臓・肝臓から発するものは、神経・感覚系の彫塑的原則によって角を取られる。神経・感覚系の彫塑的要素のなかに、人間の自我オーガニゼーションとアストラル・オーガニゼーションに関連するものが特に作用している」と理解すると、病的な現象について総合的な判断ができます。

自我オーガニゼーションは肝臓・胆囊システムから発し、アストラル・オーガニゼーションは腎臓システムから発するというのは、注目すべきことです。「自我オーガニゼーションとアストラル・オーガニゼーションに関連するものすべてが、頭部オーガニゼーションに由来する」と、言わなくてはなりません。「自我オーガニゼーションは肝臓・胆囊システムから発し、アストラル・オーガニゼーションは肝臓・腎臓システムから発する」というように直線的に記述すると、人体組織の非常な複雑さに正しくいたることはできません。

永久歯が生えるまでの時期に、肝臓・腎臓システムからの放射が神経・感覚系によって和らげられる、ということを明らかにしなくてはなりません。鈍磨されるというのが本質的なことです。人間の自我とアストラル・オーガニゼーションにとって重要な肝臓・胆囊システムと腎臓システムに由来するものは、奇妙なことに、下から上への直線的な道ではなく、上から下への反射として現われます。

私たちは子どもの身体組織全体を、「アストラル的なものが腎臓システムから放射し、自我オーガニゼーションは肝臓システムから放射する。しかし、この放射は何も意味しない。肝臓システムは頭部に反射され、腎臓システムも頭部に反射される。この人体のなかへの反射が、活動的な原則として現われる」と、思い描かねばなりません。子どものアストラル・オーガニゼーションを考察すると、腎臓の作用が頭部によって反射されるのがわかり、自我オーガニゼーションを考察すると、肝臓・胆嚢の作用が頭部から反射されるのがわかります。

下から上に作用するのは、本来、物質システムとエーテル・システムです。物質オーガニゼーションの出発点は消化器系にあり、心臓・肺システムからエーテル・オーガニゼーションが発します。これらは下から上に作用します。その他は七歳まで、上から下に作用します。下から上への放射のなかに働くリズムは、上から下への放射と四対一の関係にあります。

いま簡単に示唆したことによって、子ども時代の経過を解明できます。最も顕著な小児の病気を研究しようとすれば、小児に多い病気を二つのグループに分けることができます。最も顕著な小児病は、下から上に放射するものに、上から下に放射するものが四対一のリズムで応じていながら、均衡が取られていないことに原因があります。

頭部オーガニゼーションに遺伝された〈1〉のリズムが順調なのに、下から上に放射する〈4〉のリズムを有するものが人間個体に組み込まれようとしないとき、子どもの身体に代謝の病気が現われます。神経・感覚系に対して代謝が停滞しているための病気です。代謝が適切な方法で、神経・感覚系から発するものに適合できないのです。そうすると、たとえば血液が化膿していく、子ども独特の血液病になります。このようにして、代謝の病気と言える小児病になります。

反対に、子どもの代謝系が周囲に適合しており、衛生状態が適切であり、子どもに正しく食べものを与えていながらも、上から下に作用する神経・感覚系が何らかの遺伝状態をとおして不調だとします。そして、神経・感覚系の不適切な作用によって、肝臓・胆嚢システムと腎臓システムの放射が損なわれるとします。そうすると、痙攣（けいれん）を伴う小児病が発生します。痙攣が現われる小児病は、自我オーガニゼーションとアストラル・オーガニゼーションが正規に物質オーガニゼーションとエーテル・オーガニゼーションのなかに入れないのが原因だ、と言わなくてはなりません。

このように二つの側から、子どもの体の病気が発生します。しかし、私たちの注意を頭部、つまり神経・感覚系に向けることによってのみ、子どもの体の病気に対処できます。私たちは子どもの代謝を、外的な状況に適合するだけでなく、神経・感覚系にも適合するように形成しなくてはならないからです。

永久歯が生えるまでの年齢に関しては、神経・感覚系の徹底的な認識、人間認識、実践的な認識を私たちが発展させることが必要です。子どもの場合、すべてが頭部から放射しています。ただ、代謝が順調であり、遺伝の状態によって頭部オーガニゼーションが弱すぎると、代謝が強引に前に出てくることがあります。永久歯が生えてから性的に成熟するまでの時期に入ると、すべてがリズム系から放射します。そして本質的に、人間のアストラル・オーガニゼーションとエーテル・オーガニゼーションが活動します。永久歯が生えてから性的に成熟するまでの時期に、アストラル・オーガニゼーションとエーテル・オーガニゼーションのなかに、呼吸系と循環系が遂行するものすべてが入り込みます。呼吸器系と循環器系は本来、外から正常に保たれます。ですから、人はこの年齢において最も健康なのです。

衛生状態が悪いと、私たちは義務教育期の学童の健康を損なうことがあります。教育の医学的な分野に関して、人間には非常に大きな責任が課せられています。本当の人間認識から、「本質的に七歳から一四歳のあいだに現われる病気の原因は、私に責任がある」と、人々は正確に知ることができます。義務教育の年齢のころ、人間は呼吸をとおして周囲に適合します。空気を吸うことによって、そして、代謝をとおして循環のなかで表現されるものによって周囲に適合します。代謝は常に四肢に関連します。子どもに正規に体操・運動をさせないと、外的な病気の原因を作り出すことになります。これを知ることが、本当に民衆学校（フォルクスシューレ）教育の基礎になります。あらゆる状況、授業のあり方も、このことを考えに入れて整えねばなりません。

　このようなことが、私たちの時代には行なわれていません。それは、つぎのようなことから見て取れます。いわゆる実験心理学はある点では優れたものであり、その意味を私は評価します。しかし、「子どもがこの授業を受けると、この程度疲労する。別の授業を受けると、これくらい疲れる」などと言うことによって、実験心理学は過ちを犯しました。疲労状態を調べて、いかにカリキュラムを作るべきか推論しているのです。問いの立て方が、まったく間違っています。

　七歳から一四歳までの子どもは、そもそも原則的に疲労しないリズム系に関わるのです。もしもリズム系が疲労するなら、たとえば私たちの心臓は生涯をとおして動きつづけられないでしょう。私たちが眠っているときも、心臓は動いています。おなじく、呼吸は疲労することなく続行されます。「実験で調べた疲労の量を顧慮しなければならない」と言う人は、「子どもが疲労するなら、私は何か間違ったことをしたのだ」という結論にいたるでしょう。七歳から一四歳のあいだの子どもには、まず第一に頭部に働きかけるのではなく、リズム系に働きかけるのです。授業を芸術的に形成すると、私たちはリズム系に働きかけることになります。そうして、私たちは誤った授業から生じる疲労状態を改善できるでしょう。たとえ軽度であろうと、誤った負担を記憶力にかけることも、呼吸によくない影響を与え、その影響は後年に現われます。

しかし子どもが性的に成熟するとき、そして成熟後は、反対のことが起こります。四肢代謝系に原因のある病気が現われてきます。摂取した食物素材が自らの法則を押し通すことによって引き起こされる病気です。そこでは、人間の物質的・エーテル的な有機体の作用が優勢です。子どもの体の場合、私たちは神経・感覚系という回り道をして、自我オーガニゼーションとアストラル・オーガニゼーションに関わります。永久歯が生えてから性的に成熟するまでの時期には、私たちはリズム系から発するアストラル・オーガニゼーションとエーテル・オーガニゼーションの作用に関わります。性的に成熟したのちは、四肢・代謝系から、物質オーガニゼーション、エーテル・オーガニゼーションに関わります。これは病理学によって確認できます。それには典型的な婦人病をあげれば十分です。性的成熟以後、代謝の病気が内部から現われるのが分かります。「代謝が優勢である」と、言うことができます。神経・感覚系と正しく調和するのではなく、代謝が神経・感覚系に勝るのです。

永久歯が生える前の子どもを取り上げましょう。小児病が現われるとき、神経・感覚系が誤って優勢を占めています。ついで、永久歯が生えてから性的に成熟するまでの、健康な時期がやってきます。性的に成熟したのちは、四肢代謝系がより速いリズムによって優勢を占めます。このより速いリズムは、代謝における堆積物に関連するものすべてに表現されます。頭部からの彫塑的な機構が正しく応じないことによって、この堆積物は形成されます。代謝から発するものが、あらゆる状況下に、前面に出てくるのです。

ここから、根本において人間の機能から形成と変形が生じる、ということが分かります。これは外的には、彫塑的な形成が七歳までの子どもに特に強く作用する、ということに表現されます。諸器官は、神経・感覚系から造形されます。私たちは例えば、「永久歯が生えるまで歯の形成を導いたものは、もはや繰り返されない」と、言うことができます。それに対して、代謝の一部は、人間が性的に成熟するとともに生殖器官に引き渡されます。それによって代謝はまったく別の特質のなかに持ち込まれるのです。いま私が示唆したことがらを詳細に、系統的に追究することは非常に重要です。そのようにして明らかになるものを、宇宙の働きと関連させると、本当に科学的に治療できます。

このように複雑な方法で腎臓・肝臓から発するものすべてが、外から変化を呼び出すことによって解決できます。前の年に由来する植物の生長原則と、現在の植物の生長原則を観察することによって、解決の手掛かりが得られます。植物を見てみましょう。根から子房、種子形成にいたるまでは、植物にとって古いもの、去年のものです。そして、特に花びらのまわりに形成されるもののなかに、現在のものがあります。緑の葉の形成において、現在と過去が協同しています。過去と現在という二つの要素が一つに結合します。

私が示唆したごとく、人体のなかですべてが複雑に関連しているように、自然のなかでもすべてが関連しています。ただ、どう関連しているか、知らねばなりません。

植物に現われている関係を簡単な図式で追究しようとすると、つぎのようなことが分かります。子房と柱頭を除いて、今年の花のなかで形成されるものが、昔の直観的な医学においては「燐・硫黄」と名付けられていました。——私たちは昔の医学を復興しようとしているのではありません。よりよく理解できるように、言及しているだけです——植物の、この器官から茶を作ると、「燐・硫黄」を含んだ鉱物性効力も取り出せます。しかし昔の医学が「燐・硫黄」という名で、今日の化学でいう「燐・硫黄」のことを言っていると思うなら、それはまったく間違いです。たとえば赤い芥子の葉から作った茶は、昔の医学では「燐・硫黄」なのです。

ある方法で緑の葉を用いると、かつては「水銀」と言われたものができます。それは今日で言う水銀ではありません。ドイツ唐檜の針葉を用いるのと、キャベツの葉から煮だし汁を作るのとでは、本質的に異なります。根・茎・種に関連するものは、昔の医学ではすべて「塩」と呼ばれていました。今日の自然科学の認識によって、昔の認識に結び付くことはできません。しかし、一連の実験によって、なんらかの植物の根の煎じ薬が頭部に作用し、小児に多い病気に効くことが示されます。永久歯が生えるまでの子どもの身体に、植物の根・種から取り出したものがどのように作用するかを実験すれば、非常に重要な原則が明らかになるでしょう。永久歯が生えてから性的に成熟するまでに罹(かか)る主な病気は、根本的に外からやってくるものです。葉から薬を製剤すると、外から罹る病気すべてに有効な薬が得られます。すくなくとも、外から来る病気に作用するものが得られます。その手段とは、昔の医学が言う「水銀」です。これは実際、水銀のなかに凝縮されて存在しているものですが、水銀と同一のものではありません。水銀がある種の性病の特効薬であることは、それと関連しています。

　性病はすべて根本的に、七歳から一四歳のあいだに非常に軽度に現われることのある病気が、継続して重度になったものです。性病は、七歳から一四歳すなわち性的に成熟するときまでに外から到来することのあるものが強まった形にほかなりません。その年齢までは性的に成熟していないので、性病にはなりません。もしもそうでなければ、病気の多くが性器に関したものになっていたでしょう。一一歳・一二歳・一三歳から一四歳・一五歳・一六歳までの移行期を本当に観察できると、かつてはまったく別の形で現われたものが、この年齢においては性器に関係する異常として現われるのが分かります。

つぎに、主に人間の肉体システムとエーテル・システムに結び付いている代謝に関する病気が現われます。その病気を、植物の花に結び付いた作用と関連させて考察しなければなりません。

このようなことを素描的に示すと、多くのことが空想的に思われるでしょう。しかし、すべて詳細に証明することが可能です。

肝臓・腎臓から発するものは、まず拮抗作用を示し、それから人間の自我オーガニズムとアストラル・オーガニズムにとって本質的なものを示します。よく似た方法で、血液循環リズムと呼吸リズムの直接的な協同・相互作用が人体の中央で行われます。そこでは、血液リズムから発したものと呼吸リズムがぶつかることもあります。いま私が話したことを、たとえば「自我オーガニゼーションは人体内の熱、いわば〈熱人間〉のなかに生きる。熱人間は〈空気人間〉〈気体人間〉を貫く」ということに結び付けてみてください。自我オーガニズムとアストラル・オーガニズムから作用が発するとき、特に熱組織と気体・空気組織から作用するものが物質的に見られます。それを私たちは、幼児の身体に見ることができます。私たちは熱組織と空気組織の研究をとおして、小児病の源泉を知りました。根あるいは種から調合した薬で熱組織と空気組織に働きかけるときに現われる作用は、たがいに刺激しあう両極の作用の衝突に由来します。種子と根から発生するものを人体のなかにもたらすと、人間の熱組織と空気組織から現われるものを刺激します。

上から下に経過する作用を考察すると、人間のなかに熱・空気振動が存在しているのが分かります。この熱・空気振動は幼年期に最も強いのですが、本当は振動ではなく、有機的構造が時間的に経過しているのです。そして、人間の物質的・エーテル的有機体のなかを下から上へと経過するものが、人間の固体・液体組織です。液体組織と気体組織は中央で互いに浸透して、凝集の中間段階を呼び出します。このような浸透によって、固体と液体の中間段階である凝集状態が人体のなかに生じることを、皆さんはご存じでしょう。同様に、人間の生命的・感受的な有機体のなかに、液体と気体の中間段階、気体と熱の中間段階を見出さねばなりません。

このような方法で生理学的に表現されるもののすべてが、病理学と治療に意味を持ちます。このように複雑に組織されている人体を見ることによって、一つの器官システムが他の器官システムに絶えず作用を及ぼしていることが分かります。たとえば感覚器官、特に耳に表現されている有機的作用全体を考察すると、「自我オーガニゼーション、アストラル・オーガニゼーション、エーテル・オーガニゼーション、物質オーガニゼーシヨンが協同している」ということが分かります。代謝が神経感覚系に浸透します。神経・感覚系は、聴覚器官に働きかける呼吸の経過によってリズムに浸透されます。聴覚器官のなかに入る血液のリズムによって有機的にされ、リズムを与えられています。私が身体・心魂・精神という人間の三部分、物質体・エーテル体・アストラル体・自我という四重の構成要素をとおして明らかにしようとしたものが、個々の器官のなかに示されています。

しかし、人間においてはすべてが変容していきます。たとえば、耳が正常であるというのは、どういうことでしょう。人間が地上を歩き回れる状態が、正常と言われます。正常と言われるとき、それ以外の理由はありません。耳が人体の縁にあることによって、特別の状態が耳のなかで形成されます。その位置においては適切な状態が人体の内部に発生すると、耳になろうとするものが内部に組み込まれることになります。たとえば胃の幽門あたりに組み込まれます。これが、病的な変容による腫瘍形成の起源です。事実、あらゆる腫瘍は、癌腫にいたるまで、感覚器官形成が転置されることによって形成されるものなのです。

このような病的な形成が見られるとき、正しく人体を見通すなら、これらの器官を成立させるために熱有機体と空気有機体が子どものなか、胎児のなかで関与しているのが、皆さんには分かるでしょう。これらの器官は、液体有機体と固体有機体の抵抗を受けることによって、熱・空気有機体をとおして成立します。成分が合成されるのです。つまり、たとえば物質的有機体が代謝をとおして彫塑的有機体となり、神経・感覚系において表現されます。この関係を洞察すると、素材を担うものが代謝有機体から放射すること、そして神経・感覚系を担うものによって器官のなかで素材が彫塑的に形成されることが分かるにちがいありません。

このことに注目すると、どのような方法で腫瘍形成に対処できるでしょうか。代謝のなかに表現される物質的・エーテル的有機体と、熱有機体および空気有機体のなかに表現される自我有機体およびアストラル有機体とのあいだに誤った関係があると、腫瘍が形成されます。最も外側に関しては、なによりも代謝と熱組織との関係に注目する必要があります。私たちは特に、身体内部にできた腫瘍をよく治療できます。とはいえ、外側の腫瘍も、熱で包み込むことによって治療が可能です。そうすると、人体全体に徹底的な変化が呼び出されます。単純な言い方をすれば、腫瘍を熱で包むと、腫瘍が溶けるのです。適切な方法でこの手段を用いると、本当によくなります。注射をして、人体のなかで作用させるのです。宿り木製剤によって異常な器官、たとえば癌腫を熱で包むことができるのです。しかしこの方法は、乳癌・子宮癌・幽門癌には用いることができません。注射することによってどのような作用が生じるか、研究しなくてはなりません。注射が熱を引き出すのですが、熱が出なかったら、失敗だと考えなくてはなりません。

これらのことが理性に基づいていることを皆さんが理解なさるよう、私は原則を述べたいと思いました。しかし、理性は規定的原則です。さまざまな事実が今日の医学によって証明されるように、この規定的な原則によって主張されるものは証明されるでしょう。証明されるまえに、これらのことが主張として受け入れられるべきだ、と要求するつもりはありません。しかし今日、このようなことがらに取り組む者は、注目すべき発見をします。

文献に記録された事実を取り上げると、私が今日皆さんに示したことが証明されるでしょう。特に、「ここまでは分かっているが、ここから先は分からない」と文献に記されている多数のことがらが証明されるでしょう。今日は素描的にしか話せませんでしたが、それでも症状を扱うと、明らかになっていくでしょう。

脳の話

人間は地上から食糧を得て栄養を摂り、地球を取り巻く空気を呼吸することによって生きています。そうして、人間は感じる存在、感受する存在であることができ、全世界から力を得て、思考する存在になります。こうして、完全な人間になります。

また、人間はおのずと思考する存在になるのではないし、おのずと喋れるようにもなりません。人間はひとりでに思考する存在になるのではないし、ひとりでに食べられるようにもなりません。

どういう具合になっているのか、一度、詳しく調べてみましょう。私たちは食物を摂取しますが、食べものは私たちの内臓組織のなかでは、いわば死んだ状態、殺された状態になっています。食べものはリンパ腺をとおして、ふたたび生気を与えられ、血液のなかへと導かれます。そして血液は、呼吸によって新たなものにされます。

これがどのように経過するのか、明らかにすることから始めましょう。血液、もしくは血液の力、呼気は脊髄を通って、脳のなかへと上昇します。そして、脳の活動と結び付きます。いかに子どもは大人とは異なった食べ方をするか、考察してみてください。そうすれば、人間認識全体にとって多くのことを見て取れます。ご存じのとおり、子どもは乳児期にたくさん乳を飲みます。最初、子どもはもっぱら乳で育ちます。「子どもはもっぱら乳で育つ」とは、どういうことでしょうか。それは、乳の成分を調べれば分かります。

母乳は、八七パーセントが水分です。このことを人は通常、じっくりと考えません。子どもが母乳を飲むとき、八七パーセントは水分で、残りの一三パーセントだけが、それ以外のものです。この一三パーセントのうち、四・五パーセントが蛋白質で、四パーセントが脂肪です。それから、残りがその他のもの、塩類などです。これが、子どもが母乳から摂取するものです。つまり、子どもは主に水分を摂取しているのです。

人間は主に液体からできています。子どもはこの液体を、徐々に増やしていかねばなりません。子どもは成長しなければならないので、水分をたくさん必要とします。その水分を母乳から摂取するのです。「だったら、その一三パーセントの食品を子どもに与えて、あとは水を飲ませればいい」と、皆さんはおっしゃるかもしれません。しかし、人体はそのようになっていないのです。私たちが乳から摂取するのは、単なる蛋白質・脂肪などではありません。蛋白質や脂肪、すべてが乳のなかに溶けているのです。

子どもが乳を飲むと、子どもが必要とする成分を、溶けた状態で得られます。これは、身体がまず食物を溶かさなくてはならないのとは、いくらか異なります。「私たちは口から摂る栄養素を、まず溶かさねばならない。私たちは本来、自然からは固体状の栄養素を口にすることしかできない。その栄養素を、私たちは自分の体内の液体によって溶かす」と、言うことができます。

胃や腸などは、溶けたものを必要とします。子どもは、この溶かすという能力を獲得しなくてはなりません。まず、溶かすという能力を得なくてはならないのです。つまり、子どもは最初から自分でやっていけるのではありません。人工的に合成された食品で育てられると、子どもは萎縮します。「人工的にミルクを作ることができたら、つまり、一三パーセント分の蛋白質・脂肪などを水に混ぜることができれば、それは母乳に似ているはずだ。それは母乳と同じだ。このミルクは子どもにとって、子どもが通常飲む母乳と同じく、よいものだろう」と、皆さんはおっしゃるかもしれません。

そうではないのです。そのような人工的なミルクを飲めば、子どもは萎縮するでしょう。人体は必要に応じてものを生産します。ですから、そのようなミルクの製造を断念しなければなりません。そのようなミルクを作ると、人類を滅亡させることになるでしょう。

子どもには食料を溶解してあげる必要があります。だれが子どもに必要な分だけ溶解してあげられるでしょうか。そのようなことができるのは生命自体だけです。動物にはそのような溶解がいくらかできるかもしれませんが、どの動物もそうできるのではありません。食べものを自分で溶かせない乳児は、正しい方法で溶かされた栄養素、蛋白質と脂肪を、母乳をとおしてのみ正しく摂取できます。

ほかのミルクのうち、驢馬(ろば)の乳が人間の乳に最も似ています。ですから、子どもを母乳、あるいは乳母の乳で育てることができないときは、驢馬の乳でよく育てることができます。事実、驢馬の乳が人間の乳に最も似ているのです。人間の乳が得られないときは、間に合わせに驢馬小屋に雌驢馬を飼って、子どもに乳を与えることができるでしょう。もちろん、これは仮説です。しかし、自然のなかで事物がどう関連しているかが分かります。

例えばミルクを鶏卵と比較してみると、鶏卵には蛋白質が一四パーセント含まれていることが分かります。ミルクの四倍も多く含まれています。そのように蛋白質がたくさん含まれている食べものを子どもに与えはじめるとき、子どもはすでに溶解する力を自分のなかに得ていなくてはなりません。自分で溶かすことができなくてはなりません。

ここから分かるのは、「子どもは液体状の食物を得る必要がある」ということです。しかし、どんな液体状の食物でしょう。生命を通過した液体状の食料です。母親の胸から直接得ると、まだ生命的でしょう。

乳を飲むと、乳は口と食道を通って胃のなかに入っていきます。乳は人体のなかで生命を奪われ、そして内臓のなかで、ふたたび活気を得ます。「まず生命が奪われねばならない」ということが、子どもにおいて明瞭に見られます。子どもは乳を飲むと、生命がまだ少ししか変化していないので、ほかのものを食べるよりも、生命を復活させるのに要する力が少なくてすみます。いかに人間が生命と関連しているか、分かります。

そこから、さらに別のことも分かります。私たちは「子どもは生命のある食物を得なくてはならない。その食物の生命を子どもは奪い、ふたたび甦らせることができる」と思い、「人間は大部分が液体からできている」と思います。そのように思うなら、「生命なき自然のなかにある水から人間はできている」と言えるでしょうか。もしもそうなら、生命なき自然のなかに見出される水が、すでに生命力を自分のなかに蓄えている大人におけると同様に、子どものなかで作用するにちがいないでしょう。

人体のおよそ九〇パーセントを占める水分は、生命のない通常の水ではなく、生きている水だということが分かります。人間が体内に有している水は、普通の水とはいくらか別のものなのです。人間は自分のなかに、生きた水を有しているのです。生命のない外界・自然界のなかの水に、全宇宙を貫く生命が浸透しているのです。死体は思考できません。生きた水は、生命のない水とは異なります。

ですから、「川のなかに水があり、人体のなかに水がある」と言われますが、「死体と、生きた人間がいる。川の水は死んでいる、人体の水は生きている」というのが真相です。「人間は死だけを、つまり物質的身体だけを自分のなかに有しているのではない。人間は生命的身体、生命体も自分の内に有している」と、言うことができます。正しく思考すると、「人間は自分のなかに生命体を有する」と、言わねばなりません。生命がどのように作用していくかは、人間を自然との関連において観察すると明らかにできます。

私たちはまず自然を見て、ついで、人間のなかを見なくてはなりません。自然を見ると、いたるところに、人間を成り立たせている部分・成分が見出されます。人間はそれらの自然の部分を自己流に摂取するのです。

これを理解するために、非常に小さな生物（原生動物・原虫）を取り上げましょう。そうすると、「外の自然のなかにいる最小の下等生物について語るのと同じように、人間のなかに存在するものについて語らねばならない」ということに、皆さんは気づくでしょう。水中・海水中に、小さな生物がいます。この小さな生物は本来、小さな粘液の塊です。倍率の高い顕微鏡を使ってようやく見ることができるくらい小さなものです。拡大して、描いてみます（図1上）。この小さな粘液の塊は、まわりの水・液体のなかを漂っています。

小さな粘液の塊の周囲に水があるだけなら、この小さな粘液の塊は静かなままです。しかし、なんらかの小さな粒子が近づいてくるとしましょう（図1下）。

●図1

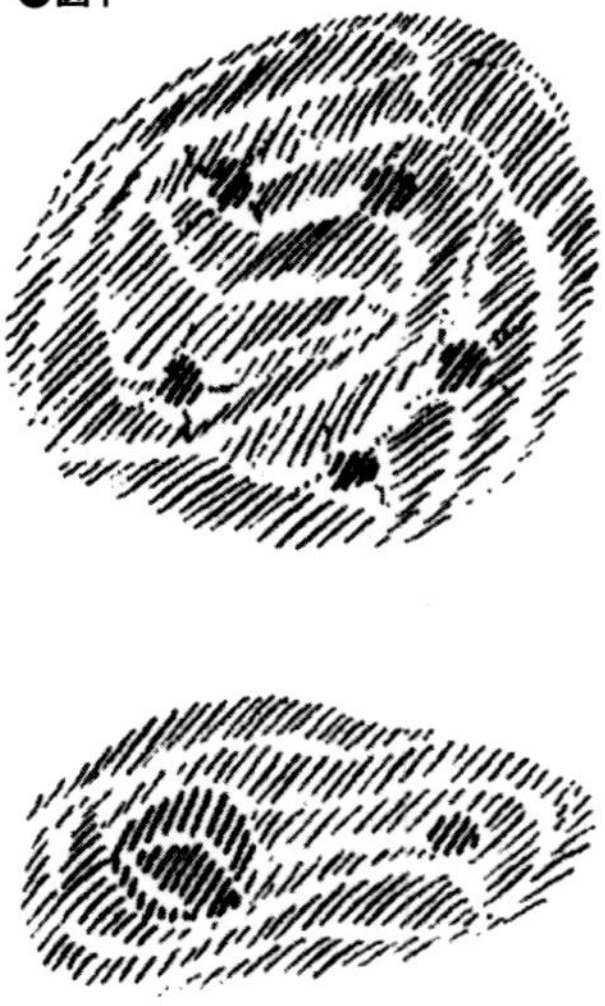

そうすると、この生物は自分の粘液を広げ、小さな粒子を自分の粘液のなかに取り入れます。粘液を広げることによって、この塊は動きます。この小さな生物、この小さな生命粘液は、自らの粘液で他の粒子を包むことによって、同時に自らも動きます。他の粒子は、そのなかで溶けます。その粒子は溶け、この生物がその粒子を食べるのです。

この生物は、そのような粒子をたくさん食べることがあります。ここに、この生物がおり、ここに粒子、あそこに粒子、また、あそこにも粒子があると考えてみましょう（図2）。

そうすると、この生物はこちらに触手を伸ばし、方々に触手を伸ばします。そして、最も遠くまで触手を伸ばしたところ、最も大きい粒子のところへ動き、他の粒子を一緒に引っ張っていきます。このような方法で、この生物は動き、同時に食べるのです。

さて私は、この小さな粘液の塊がいかに海のなかを漂い、同時に食べるかを描写しましたが、それでは人間のなかで白血球はどのようなあり方をしているでしょうか。白血球は最初、人間のなかで、いま述べたものとまったく同じあり方をしています。人間の血液のなかを、このような小さな生物が漂っています。栄養を摂って、このような方法で動きます。

海のなかを小さな生物が漂っています。それを見ることによって、私たちは人間の血液のなかを漂うものを理解できるようになります。そのようなものが、私たちのなかにいるのです。

外界・自然のなかで繁殖しているこのような生物が、ある意味で、私たちの血液のなかを漂っています。それは血液のあらゆるところに生きています。一度、私たちの神経組織、特に脳がどのように作られたか、明らかにしてみましょう。私たちの脳は、非常に小さな部分から出来ています。それらの部分を描いてみると、こんなふうです。これらも、一種の濃密な粘液の塊りです。この粘液から、粘液と同じ素材でできたものが放

●図2

●図3

射しています（図3）。

脳に、そのような細胞があります。その細胞に隣り合った細胞が一つあります。それは足あるいは腕を伸ばします。そして、ほかの細胞に触れます。第三の細胞があって、足を伸ばし、ほかの細胞に触れます。それらの足は大変長くなることがあり、また別の細胞に接します。

私たちの脳を顕微鏡で見ると、粘液の蓄積した小さな点からできているのが分かります。そして、太い分枝が出ています。それらは互いのなかに入り込んでいきます。たがいに触れ合う枝々の突き出た、太い樹冠のある密生した森を思い描いてみましょう。そうすると、顕微鏡で見ると脳がどう見えるか、イメージしたことになります。血液のなかに生きている白血球と、脳の姿はよく似ているのです。血液のなかにいるような小さなものが脳に定住しているのです。

もし、私が人を殺すことなく白血球をすべて取り去ることができ、脳を取り出したあと、その白血球を再び頭蓋骨のなかに入れることができたら、私は白血球から脳を作ることができるでしょう。

しかし奇妙なのは、白血球から脳を作るまえに、その白血球は半分死んだような状態にならねばならない、ということです。これが白血球と脳細胞との違いです。白血球は生命に満ちています。白血球は人間の血液のなかで、いつも動いています。白血球は血管を通っていき、外に出ていきます。白血球は美食家のようになって、身体表面まで行きます。白血球は身体のいたるところを進んでいきます。

皆さんが脳を見ると、この脳細胞、この小さな物体は自らの場所にとどまっています。それらの細胞は安らいでいます。それらはただ分岐を伸ばし、常に隣の細胞に触れています。一方、身体のなかを白血球は動きまわっています。脳のなかで細胞は安らぎ、実際に半分死んだ状態にあります。

海のなかで動きまわる生物を考えてみてください。腕・分岐を伸ばして、あちらこちらから食料を取り、食べすぎるとそのままでいることができません。そうなると、二つに分かれ、別れていきます。一つが二つになります。増えるのです。この増加するという能力を、私たちの白血球も有しています。常に、死んでは増殖して、ほかの白血球が発生します。

脳細胞は、このような方法では増えることができません。私たちの白血球は完全な、独立した生命です。しかし脳細胞はたがいのなかに入り込んでおり、白血球のように増えることができません。一個の脳細胞から二個の脳細胞は決してできません。脳が成長し、脳が大きくなったら、脳以外の身体部分から細胞が脳のなかに移っていかねばなりません。いまだかつて、脳のなかで脳細胞が増えたことはありません。脳細胞は集結するだけです。大人が十分に大きな脳を形成するためには、私たちが成長するあいだに、脳以外の身体部分から新しい細胞が入ってこなくてはなりません。

脳細胞が増えないということからも、脳細胞が半分死んだ状態にあるのが分かります。脳細胞は、いつも死に瀕し、死にかけています。これを正しく考察すると、つぎのような見事な対比が人間のなかに見つかります。人間の血液は生気に満ちた細胞を白血球のなかに有しており、その細胞は絶えず生きようとしています。そして脳のなかに、人間は絶えず死のうとしている細胞を有しています。その細胞は死への途上にあります。「人間は脳をとおして、絶えず死の途上にある。脳はいつも死ぬ危険にある」というのも本当です。

人間は気絶することがあります。あるいは、自分で体験したかもしれません。気絶するのは不快です。気絶すると、倒れ、意識を失いますが、そのように意識を失うとき、何が人間のなかで起こっているのでしょう。たとえば萎黄病[1]の少女のように、蒼白な人々が最も気絶しやすいということも、皆さんは知っているでしょう。なぜでしょうか。彼女たちは、赤血球に比べて白血球が多すぎるので気絶するのです。人間が正しく意識を持てるためには、白血球と赤血球の適切な釣り合いが取れていなくてはなりません。

意識を失うとは、どういうことでしょうか。たとえば気絶するとき、そして睡眠中も私たちは意識がなくなります。白血球の活動が活発になりすぎ、強くなりすぎているのです。白血球が強く活動しすぎる、つまり、自分の内に生命をたくさん有しすぎると、人間は意識を失います。ですから、人間が頭のなかに絶えず死のうとしている細胞を持っているのは、とてもよいことなのです。もしも、脳のなかで白血球が生きつづけたら、そもそも私たちは意識を持てないでしょう。そうしたら、私たちはいつも眠っていたことでしょう。

また、なぜ植物はいつも眠っているのでしょうか。◆2 植物はそのような生命的な存在を持っていない、つまり血液を有していないから、絶えず眠っているのです。私たちの内部にあるような独立した生命を植物は持っていないので、絶えず眠っているのです。

私たちの脳を自然の何かと比較するなら、植物と比較しなければなりません。脳は根本的に、私たちの生命を絶えず蝕んでいます。そうすることによって、脳は意識を作り出しているのです。

脳は矛盾しているのです。植物は意識を獲得していません。人間は意識を獲得していきます。これは長い熟慮をとおして解明しなくてはならないことがらです。

私たちは眠ると、毎晩、意識を失います。そのとき、何かが私たちの身体のなかで生起しているにちがいありません。私たちはそれを、理解しなければなりません。

私たちの身体のなかで何が起こっているのでしょう。身体が夜間に、目覚めているときと同じ状態なら、私たちは眠れません。眠ると、私たちの脳細胞は、起きているときよりも、いくぶん生きはじめます。つまり睡眠中、脳細胞は、私たちのなかで独自の生命を有する細胞に似るのです。「私たちが起きているとき、脳細胞はまったく安らいでいる。私たちが眠っているとき、これらの脳細胞は場所を限定されており、外からしっかり保たれている。だから、あまり自分の場所から離れない。すぐに他のものと突き当たるので、うまく動きまわれず、泳ぎまわれない。しかし、それらはいわば動こうという意志を得る。脳は内的に騒ぎだす」と、思えます。

それでは、思考はどこから人間にやってくるのでしょうか。つまり、どのようにして人間は遥かな宇宙から力を受け取ることができるのでしょうか。私たちの栄養摂取器官は、素材から地球の力しか受け取れません。私たちの呼吸器官は、酸素を含む空気を受け取ります。私たちの頭が彼方の宇宙から力を受け取ることができるためには、頭のなかで脳が本当に静かになっている必要があります。脳が完全に休まる必要があります。私たちが眠ると、脳は活動的になり、私たちは遥かな宇宙のなかにある力を受け取ることが少なくなります。そして、私たちは意識がなくなります。

二つの場所で一つの仕事がなされている、と考えてみてください。ここでは五人の労働者、あちらでは二人の労働者、計七人が働いているとしましょう。一方の作業が進みすぎ、他方の仕事が遅れてしまうことがあります。そうすると、進み過ぎた方の仕事を少し中止することが必要になります。そのとき、私たちは何を行なうでしょう。五人の労働者のうちの一人に、二人の労働者のところに行ってくれ、と頼むでしょう。そうすると、むこうに労働者が三人、こちらには四人になります。新たに人を雇いたくなければ、私たちは仕事を一方から他方に移します。人間は一定量の力しか持っていませんから、その力を分けなくてはなりません。この譬えのように、夜、睡眠中に脳が活発になり、活動的になるとき、その活動力はほかの所から取り出してこられねばなりません。どこから、それは取り出してこられるでしょうか。それは白血球の一部から取ってこられるのです。白血球の一部は夜間、日中よりも生き生きしなくなります。一方、脳はもっと生命的になります。つまり均衡がとられるのです。

脳が自らの生命活動を静止させると、人間は思考しはじめます。白血球が夜、静かになって安らぐと、白血球が静かになった場所で人間は思考しはじめるにちがいありません。人間は身体で考えはじめることになるでしょう。

さて、「人間は夜、自分の身体で考えるのかもしれない」と、問いましょう。人間は夜、身体で考えるかもしれないというのは、厄介な問いです。そうなのかどうか、人間は何も知りません。しかし、何も知らないというのは、それが存在しないという証明にはなりません。そうでないと、人間がまだ見たことのないものは、すべて存在しないことになるでしょう。ですから、私が知らないというのは、それが存在しないという証明にはなりません。実際、人体は夜、考えることができるかもしれないのです。さて、人間は昼間は頭で思考し、夜は肝臓や胃、その他の臓器や内臓で考えはじめる兆候があるか、調べなくてはなりません。まさに、だれもがそういう兆候を有しています。何かが存在し、それについて私たちが何も知らないということが、どうして起こるのか、思い描いてみましょう。私が立って話をし、注意を皆さんのほうに向けているとしましょう。そうすると、私は自分のうしろにあるものが見えません。

たとえば、私は話の途中に、しばしば立ったり、椅子に座ったりする癖があるとしましょう。私が立って話をし、注意を聴衆に向けているあいだに、だれかが椅子を取り去るとしましょう。それは私の目に入りません。私がその結果に気づくのは、腰を下ろそうとしたときです。人間は単に通常知っているものに従って判断するのではなく、間接的な方法で知ることのできるものにも従って判断しなければなりません。もし私が素早くあたりを見回せば、床に尻餅(しりもち)をつくことはないでしょう。見回すと、そのような事態が避けられるでしょう。

　さて、身体における人間の思考を考察してみましょう。自然科学者は、人間の認識の限界について語るのを好みます。彼らは本来、何を言っているのでしょう。認識の限界について、「私が見たことのないもの、顕微鏡や望遠鏡を使っても見えないものは、そもそも存在しないのだ」と言う自然科学者がいます。しかし、人間の認識は、絶えず床に尻餅をつきます。自分には見えないということは、それが存在しないという証拠にはならないからです。何かを私が知るためには、自分が考え出すだけではなく、考え出したものを観察しなくてはなりません。思考は、あるときは頭のなか、あるときは全身のなかで生じる経過でありえたでしょう。

　人間は起床すると、目を開きます。目は外を見るだけではありません。目は、内側も知覚します。何かを味わうときも、外にあるものだけを味わうのではありません。たとえば、普通なら美味しいものが、全身が病気だったら、吐き気を催させます。そのようなことを、自分の内部において知覚します。常に内部によって決まるのです。ですから、内的な知覚も存在するにちがいありません。

　普通に起床した、と考えてみましょう。私たちの脳細胞はゆっくりと休んでいます。脳細胞は非常にゆっくりと休みます。私は次第に、自分の感覚を用います。生命循環に合致して目覚めるのです。これが一つの場合です。

別の場合、なんらかの事情で、あまりにも素早く脳細胞を静めるかもしれません。脳細胞をあまりにも早く休めると、別のことが生じます。

ある人が労働者たちを指揮している、とします。ここに労働者が五人いて、その人は五番目の労働者を、ここから向こうに移します。一人が指揮していれば、事情によっては、円滑に進みます。しかし、ある指導者が労働者一人を取り去り、別の指導者がその労働者を再び元の部署に戻すと、それが正しいか正しくないかで二人の指導者が争い、全体が険悪な状態になります。

私の脳のなかで脳細胞があまりに早く静まると、睡眠中に休まっていた白血球は、そんなに早く動き出せません。私の脳がすでに休まり、睡眠中にあった脳の動きを私がすべて静めたのに、下方の血液中では白血球がまだ起き上がろうとしません。白血球はまだ静かにしていたいのです。白血球は起きようとしません。

まだ休んでいたい怠惰な白血球を知覚できたら、最初は、普段やすらいでいる脳細胞のように見えるかもしれません。それから、私たちは非常に不思議な思考内容を知覚するかもしれません。私たちがあまりに素早く起きると、そのような体験をするでしょう。人間と自然との関係全体を理解すると、このことを理解できます。ほかに何も妨げがなければ、人は素早く目覚め、驚嘆すべき思考内容を自分の身体のなかに知覚できるかもしれません。

しかし、そうはできません。なぜ、そうできないのでしょうか。まだ眠っている怠惰な白血球と、白血球を知覚する頭とのあいだで呼吸が行なわれます。赤血球がなかにあります。私たちは呼吸プロセス全体をとおして、私たちのなかで行われる思考の経過を見なくてはなりません。

起きることによって、脳は安らぎます。下方には、血液中に白血球があります。白血球がまだ安らいでいるのを、私は知覚するでしょう。そして、私はそのなかに非常に美しい思考を見るでしょう。その中間に呼吸プロセスが存在します。ちょうど、何かを見ようとするときに、曇りガラスをとおして見るようなものです。はっきりと見ることができず、すべてがぼやけています。呼吸プロセスは曇りガラスのようなものなのです。身体下方にある思考すべてが、ぼやけて見えます。そこから、何が発生するでしょうか。夢です。夢が発生するのです。私が脳の活動をあまりに早く静めたときに、私が知覚する不明瞭な思考内容が夢です。

ふたたび眠りに入るとき、私のなかに不規則なものがあったら、つまり、眠りに入る際に脳が活発になるのがあまりにもゆっくりとしていたら、どうでしょうか。脳があまりにもゆっくりと活動しはじめることによって、つまり、何かを知覚する能力をまだ有していることによって、睡眠中に下方の身体で始まる思考を観察できます。夜のあいだは観察できないものを、人間は起きるときと眠るときに、夢として知覚します。私たちが夢を、起きる瞬間に初めて知覚するということは、夢というものを一度よく眺めてみると、容易に思い浮かべることができます。

私が眠っていて、私のベッドのそばに椅子がある、としましょう。私は、つぎのような夢を見ることがあります。私は学生です。私はどこかで別の学生と出会います。その学生に私はぞんざいな言葉を発します。その学生は、ぞんざいな言葉に反応します。そして、彼は私に挑みかかります。

さて、夢はこうなります。介添え人が選ばれます。夢のなかで、人々は森に行きます。そして、決闘が始まります。最初の者がピストルを撃ちます。私は夢のなかで、ピストルが発射される音を聞きます。そして、目が覚めます。私は腕で、ベッドのそばの椅子をひっくりかえしたのでした。それがピストルの音だったのです。私が椅子をひっくりかえしていなかったら、こんな夢を見なかったでしょう。この夢全体が存在しなかったでしょう。その夢のイメージは、目覚めの瞬間に生起したものです。ひっくりかえった椅子によって、私は目が覚めたからです。目覚めの瞬間に、このイメージは発生したのです。そして、私のなかで経過するものは不明瞭になります。

ここから、夢のなかのイメージは目覚めの瞬間に初めて形成される、ということが分かります。同様に、眠りに入る瞬間に夢のなかのイメージが形成されるにちがいありません。しかし、そのようなイメージが形成され、私がそのイメージによって何かを知覚できるには、そのための思考内容がなくてはなりません。こうして、私たちは眠りと目覚めを理解するにいたります。

それでは、眠っているときはどうなのでしょうか。眠っているとき、私たちの脳は、起きているときよりも活動的です。起きているとき、私たちの脳は安らいでいます。「私たちの脳は、起きているときに活動的になる」と言うのは唯物論者でしょう。そのように言うと、脳の物質的活動が思考を意味することになるからです。私たちが理性的な人間なら、脳は睡眠中よりも目覚めているときのほうが活発だ、と言うことはできません。起きているとき、脳は休んでいなければなりません。

身体活動が私たちに思考を与えることはできません。もしも身体活動が私たちに思考を提供するなら、その思考は活発な身体活動においては無思考になるにちがいありません。

ですから、「私には肺がある。外から酸素が入ってきて肺を活動させなければ、肺は怠けるだろう。そのように、私の脳は昼間、怠ける。何かが外からやってきて、脳を活動させねばならない」と、言うことができます。酸素が肺を活動させるように、脳は昼間、身体のなかにはないもの、身体に属さないものによって思考活動を行なうということを、私たちは承認しなければなりません。

「正しく自然科学に取り組む人は、非身体的なもの、心魂的なものを受け入れるにいたる」と、言わねばなりません。非身体的なもの、心魂的なものが存在するのを、私たちは知ります。目覚めるときに心魂が身体のなかに飛び込んでくるのが、私たちには分かります。思考は身体からはやってこられないのです。

思考が身体から来るなら、人間は夜によく思考できるにちがいありません。私たちが横になって眠ると、私たちの脳のなかに思考が上昇してくることでしょう。しかし、そのようにはなりません。朝、目覚めるとき、私たちの心魂・精神が精神宇宙から飛び込んでくるのに、私たちは気づきます。

「近代に、自然科学は大きな進歩を遂げた。しかし自然科学は、生命に合っていないもの、思考に適さないものしか知らない。自然科学は生命そのものを把握しなかったし、思考というものを理解しなかった」と、言うことができます。正しく自然科学に取り組むと、「呼吸するには酸素が必要なように、思考するには精神が必要だ」と言うようになります。
これについては次回、話しましょう。そう簡単には決められないからです。私が話したことに対して抵抗を感じる人も多いでしょう。しかし、このような話をしないと、人間存在を明らかにすることはできません。迷信ではなく、ものごとを完全に明らかにすることが大事なのです。

注

◆**1 萎黄病**……鉄分の不足によって思春期の女子に発生する小細胞性低色素性貧血。

◆**2 なぜ植物はいつも眠っているのでしょうか**……植物は物質体とエーテル体から成っており、自我とアストラル体を欠く存在は睡眠意識を有する、と人智学では考える。

構築と崩壊

人間のなかでいわば生命は殺され、血液のなかには這いまわる小生物のような白血球が存在していることについて考察してきました。白血球は血管を通って、私たちの皮膚まで這ってきます。この小生物は普段は人体全体のなかにいるけれども、表面に来ると特別な美味を感じる、と私は言いました。表面にやってくるのは彼らにとって、いわば生命の香辛料のようなものなのです。

その反対に、神経系のなかの細胞、特に脳のなかの細胞は絶えず生命を奪われ、絶えず死んでいく細胞である、と私は言いました。脳のなかの細胞は、人間が眠ったときに、いくらか生命的になり、生き生きとしはじめます。それらの細胞は、自分の居場所を動くことができません。ほかの細胞の下に無理に入れられているからです。それらの脳細胞は、白血球のように動くことができません。しかし夜、人間が眠っているあいだ、脳細胞はいくらか生きはじめます。これらの細胞がいくらか生命力・意志力を身体から得ると、白血球はやや静かにならねばなりません。そうすることによって、全身で思考がなされます。

思考内容はどこから来るのでしょうか。単に唯物的に考えたい人間、すなわち、不精に考えたい人間は、「思考は脳のなか、あるいは人間の神経系のなかで発生する。畑のキャベツのように、思考は成長する」と、言います。しかし、「畑のキャベツのように」ということを、一度よく考えてみたらどうでしょう。[1]まず誰かが苗を植えなければ、畑にキャベツはできません。人間の脳を思考のための畑と見て、つぎのように考えてみてください。「皆さんは、みごとなキャベツ畑を持っている。その畑を耕した人が行ってしまった。引き続いて栽培してくれる人が見つからない。そうしたら、畑にキャベツは育たない」。

畑からキャベツが出てくるように、思考は脳から出てくる、と思っている人がいます。ですから、「どこから思考は来るのか」と問わなくてはなりません。まず、問いを正しく把握しましょう。キャベツは実際に外界・自然のなかで発生した、と思われるにちがいありません。私たちは周囲のすべてを把握したら、そのすべてを人間のなかに見出す、します。

と私は言いました。私たちは植物を見ることによって、人間のなかの多くのものを理解

このような石があります（図1）。

この突き出した石をよく眺めてください。下方、後方、上方に、非常に柔らかい岩石があり、ナイフでも引っ掻くことができます。外側は、固い土のようなものです。下のほうだけ、描きましょう。下に、このような柔らかい岩石があります。その岩石が成長すると、この柔らかい岩石の上にさまざまな結晶ができます。下方から、このような小さな結晶が成長してきたかのようです。しかし、これらの結晶は非常に固く、ナイフで削ることはできません。刃が立ちません。せいぜい、一個の結晶全体を取り出すことができるだけです。削り取ることはできません。このように、固い結晶が埋まっています。

さて、密度の低い柔らかい地中に、どのようにしてこの結晶ができるのでしょうか。これらの結晶は、非常に美しく形成された物体です。ここには縦向きの形状があり、上には小さな屋根のようなものがあります。下方にも、地面に入り込んでいなければ、そのような屋根があったことでしょう。土が柔らかければ、どの結晶もそうなっていたでしょう。しかし、その屋根は地中に入ると壊れます。これらの結晶は、どこからやってきたのでしょう。

植物が育つとき、外界に炭酸（二酸化炭素）がなくてはなりません。そうでないと、植物は成長できません。私たちが吐き出すものと同じ物質、すなわち炭酸が植物のところに流れてくると、植物はその炭酸を吸い込みます。そして、炭酸のなかにある炭素を内にとどめて、酸素を吐き出します。これが、人間と植物の違いです。人間は酸素を吸い込み、炭酸を吐き出します。私たちは酸素を内にとどめ、炭酸を放出します。植物は地球と結び付いています。植物が枯れると、植物中の炭素は地中に戻り、黒い石炭になります。何百年も経って、私たちはその石炭を掘り出します。

●図1

●図2

●図3

ほかの物質もあります。ある点で石炭によく似た物質ですが、異なっています。珪石です。珪石をたくさん含んだ土地があります。そこで、酸素が作用します。上方に酸素があり、この酸素は最初、珪石には作用しません。しかし、しばらく経つと、地球進化の経過のなかで、突然、酸素が珪石と結合します。そうして、私たちが息を吐くときに炭酸が発生するように、地面の珪石が酸素と結合すると、石英・珪酸が生じ、このような結晶ができます(図2)。地面の珪石が酸素と結合すると、このような結晶ができます。

しかし、酸素自身は珪石と結合する力を持っていません。珪石がたくさんあり、その上に酸素があっても、何も形成されません。この美しい形態はどのようにして形成されるのでしょう。宇宙のあらゆる方向から力が働きかけており、地球が常に宇宙全体と関連しているので、このような形態ができるのです。絶えず力が働きかけ、この力が酸素を珪石のなかに運び込みます。そうして、このような結晶が発生します。地球はあらゆる星々から影響を受け、その結果このような結晶が発生します。それゆえ、結晶は宇宙から形成された、と言うことができます。

岩石には実際、下方にも上方にも緩い土があります。うしろにも緩い土があります。緩い土に囲まれています。これらの結晶形態は、下から上に成長するだけではありません。それらが下にだけあったら、そのように成長すると言えるかもしれません。しかし上からも成長してくるのです。皆さんは、「それを宇宙から説明することはできない。下から上への力を説明するには、宇宙から来る力と同じものが、地球内部からやってくるのを認めねばならない」と、言われるかもしれません。しかし、それは見かけ上の矛盾であり、背後に何かがあるにちがいありません。何が背後にあるのでしょう。

そのような岩石は山地にあり、広々とした平地にはありません。平地にできる場合は、山地と同じく、上下に地層があります。山地から岩石を取り出す、としましょう。山地の斜面を描きましょう（図3）。

皆さんが山地を登っていくとしましょう。土や岩石が道を覆っています。山地に行くと、いたるところが土に覆われています。大昔に、いま描いたものが堆積した、と想像してみてください。宇宙の力によって、ここにもあちらにも、そのような結晶ができます。宇宙の力によって、下方に結晶が成長し、上方にも成長します。

のちに、上方にあるものが落下しました。上のものが下に落ちてきたのです。下には、元来は上に向かっていた結晶があります。上から落ちてきたものが、下にあったものにかぶさって止まります。二つが重なるのです。落ちてきたものは下のものに支えられます。こうして、上のものが下に来ました。

山地では絶えず、このようになりました。研究すれば、山地ではそのような地滑りが絶えず起こっていることが分かります。上のものが下のものに被さりました。これは山地研究で最も興味深いものです。

平地に行くと、「地層が堆積している」という感情を抱きます。そのようなことは、アルプスでは決して言えません。しかし、アルプスは大昔に、このような方法で発生したのです。やがて高い部分が低い部分の上に落ちました。アルプスは、そのようになった地層なのです。そのため、アルプスを研究するのは困難なのです。上にあるものも同じようにして発生したのか、よく考えねばならないからです。

そのようにして発生したのではないことが多いのです。下に地層があり、上に地層があり、何らかの衝撃によって上の地層が下方に投げ出されたのです。上にあったものが落ちてきて、下にあったものを覆ったのです。何千年・何万年の時の経過のなかで、山地で地層が入り交じり、畳み込まれて、このような状態になったのです。山地が投げ出されて重なり合ったことから、このような状態が生じたのです。

ですから、「下にある結晶はこのような斜面で発生し、上にある結晶はこのような斜面で発生した。背後には山があった」と、言わなくてはならないでしょう。下と上から結晶が向き合っているのは、何千年という経過のなかで、地上のすべてが入り交じって投げられたからです。

無機物の領域のなかにも、宇宙から作用する力が常に存在します。その力は私たちのなかでも作用します。その力が私たちを損なわないように、何かをしなくてはなりません。

しばしば地中に存在する珪石が、私たちのなかにもあります。もちろん、あまり多すぎはしませんが、固い石を発生させる物質を私たちは自分のなかに有しています。そのような固い石が私たちのなかにできると、具合が悪くなります。非常に小さな結晶が発生しただけでも、非常に困ったことになるでしょう。ある病気では、時おり、小さな結晶が発生します。

砂糖も結晶を形成することがあります。氷砂糖を見れば、氷砂糖も重なり合って堆積した結晶からできています。私たちのなかには、糖がたくさんあります。世界の人々は、みんな同量の砂糖を摂取しているわけではなく、摂取する量が異なっています。たとえばロシアでは人々は少ししか砂糖を摂らず、イギリスでは非常にたくさん砂糖を摂ります。ここから、人々に違いが生じます。ロシア人の性格は、イギリス人の性格とは異なります。ロシア人はイギリス人とはまったく異なった人々です。それは、ロシア人が砂糖を摂取する量が少ないためです。イギリス人は、糖分の多いものを食べ、糖分の多い食料を摂ります。

あらゆるものに、宇宙の力が働きかけます。人間はたくさんの糖を自分のなかに有しています。糖は常に結晶になろうとしています。糖が結晶にならないよう、私たちには何ができるでしょう。人体には生きた水がたくさんあります。その水が糖を溶かします。もしも水が絶えず糖を溶かさなかったら、どうなるでしょう。そうすると、小さな結晶が、氷砂糖の結晶のように形成されたことでしょう。糖が絶えず溶かされていなかったら、小さな結晶が私たちのなかにできていたことでしょう。

私たち人間には、糖分が栄養として必要です。しかし、糖を摂取するには、絶えず溶かさなくてはなりません。なぜ私たちは糖を摂らねばならないのでしょう。糖分を溶解する必要があるからです。糖を溶解することは、私たちの生命活動の一部分なのです。私たちは糖分を自分のなかに取り入れなくてはなりません。

私たちが糖分を溶かすだけの力を持っていないと、小さな結晶が形成されます。それは尿とともに出ていきます。そして、糖尿病になります。なぜ人間が糖尿病になるのかというと、自分が食べた糖分を溶かすだけの力を持っていないからなのです。糖分を摂り、糖を溶かすだけの力を持っていないと、糖尿病になります。糖が小さな結晶となって尿中に排出されてはなりません。糖は溶かされねばなりません。人間は糖を溶かす力を持っていなくてはなりません。そうしてこそ、人間の生命は保たれます。

そのようなことをよく考えると、「私たちは糖を溶かす力だけを持たねばならないのではない。私たちのなかで常に形成されようとしている小さな結晶、石英の結晶を溶かす力も持っていなくてはならない」と、認識できます。石英の結晶が私たちのなかで形成されてはなりません。もし、すでに子どものときに結晶が形成されていたら、その子は「痛くてたまらない。体中が刺される」と言うでしょう。体中が刺されるのです。

子どもが体中刺されるとき、何が起こっているのでしょうか。神経のなかに発生した石英の結晶が体内で溶けていないのです。結晶が残っているのです。大量の結晶ではありません。小さくて少量で、顕微鏡で簡単に見つけられないほどです。一ミリの一万分の一よりも、ずっと小さいものです。非常に小さな結晶が神経系のなかに集まると、人間はいたるところに小さな刺すような痛みを感じます。

そのほかに、非常に小さな炎症が現われます。そうすると、人間はリューマチ・痛風になります。痛風は、そのような小さな結晶が沈殿したものにほかなりません。痛みは、そこから来るのです。痛風に際して痛風結節[◆2]ができるのは、炎症から来るのです。

釘を突き刺すと炎症が生じるように、人体内部から来る小さな槍が、表面に押し寄せます。そこに内的な小さな炎症が発生します。そして、この炎症をとおして痛風結節が形成されます。このような経過が人間の内部で生じることがあります。ここから、「私たちは自分のなかに、痛風に対抗する力を持っていなくてはならない。そうしないと、私たち人間は絶えず痛風になる」ということが分かります。

これはどういうことでしょう。宇宙から力が作用する、ということです。その力が、顕微鏡を使わなくては見えないほど微小な結晶を、私たちのなかに形成するのです。その力が私たちのなかに入ってきて、結晶を形成します。その力は私たちのなかに働きかけます。私たちは、その力に絶えず貫かれています。

これを防ぐ力を、私たちは自分の内部に発展させねばなりません。私たちは絶えず、この宇宙からの力を防止しなくてはなりません。私たちのなかに宇宙の力が入ってきます。しかし、私たちはその力を防ぐことができます。特に神経のなかで、その力を防止しています。防いでいなければ、神経のなかに絶えず鉱物実質が発生することでしょう。

さて、知能に問題があり、早死にする子どもたちがいますが、そのような子どもを解剖すると、松果体に脳砂が少なすぎることが、しばしば発見されます。だれもが自分のなかに脳砂を幾分かは有していなくてはならないのですが、発生した脳砂は絶えず溶解されねばなりません。

脳砂を溶かすための力を私たちが少ししか持っていなかったら、脳砂がたくさん溜まりすぎます。皆さんが摂取したものが血液のなかに入っていくとき、絶えず砂が脳のなかに沈殿します。そのようなことを、皆さんは脳のなかで行なっています。脳砂は絶えず堆積します。皆さんのなかにある脳砂は、外界にあるものと同じように、宇宙の力にさらされています。脳内部で小さな結晶が作られようとしているのです。しかし、そのような結晶が形成されてはなりません。

とはいえ、もし私たちの中に脳砂がなかったら、私たちは愚鈍になるでしょう。もしも、脳砂から結晶が形成されたら、私たちの絶えず気絶することでしょう。脳のリューマチ、あるいは脳の痛風になるからです。脳以外の部分なら、単に痛いだけです。しかし、脳のなかにこの結晶があると、人間は何もできず、気絶します。

人間は脳砂を必要とします。しかし、人間は脳砂を絶えず溶かさなくてはなりません。絶えず脳砂が堆積し、溶かされます。堆積しすぎると、脳の血管の壁を傷つけることがあります。そうすると、単なる気絶ではすまず、脳卒中になります。

病気のプロセスを研究すると、人間が自分のなかに何を有するかが分かります。病気のときは、健康な人間のなかにあるものが、度を越して私たちのなかにありすぎるのです。病気であるというのは、何かを強く形成しすぎている、ということにほかなりません。

そのようなことが生活でも起こります。小さな子どもの頬を、軽く優しく手で触れれば、それは愛撫です。可愛がって撫でているのです。同じ接触を強く行なうと、それは愛撫ではなく、平手打ちです。一面では愛撫でありうるものが、他面では平手打ちでありえます。

脳のなかになくてはならないものが、脳砂のなかの通常は穏やかな作業が強くなりすぎると、致命的な平手打ちになることがあります。私たちのなかの力が弱すぎて、私たちのなかにある鉱物質のものを溶かすことができないと、そうなります。そうすると、私たちは絶えず気絶します。あるいは、この結晶があまりに強く私たちの血管を突き破ると、脳卒中になります。

私たちは絶えずこの結晶を溶かさなくてはなりませんが、いま話したことは皆さんのなかで絶えず生じていることなのです。

さらに、いくらか別のことを話そうと思います。ここに人間がいて、脳があり、目があります。そして、目の前に植物があるとしましょう(図4)。

皆さんが注意をこの植物に向け、この植物が日光に明るく照らされていると、皆さんは目のなかに光の作用を受け入れます。もちろん、そうできるのは昼間です。目から後方に向う視神経をとおして、光の作用は脳のなかに入っていきます。つまり、皆さんが植物を見るとき、皆さんの目は植物に向けられ、そして、植物から光の作用が、皆さんの目をとおして脳のなかに入ってきます。

このような方法で植物、たとえば花を見ると、皆さんは花に注意深くなります。花に注目していると、人間は自分自身を忘れます。非常に注意深くなって、自分自身を完全に忘れることがあります。花を見ている自分を少し忘れる瞬間に、脳のどこかで脳砂を分泌する力が生じます。つまり、見るというのは、内部から脳砂を分泌することなのです。

この分泌を、皆さんはまったく人間的なプロセスとして表象しなくてはなりません。

●図4

人間は非常に疲れたときに汗をかくだけではありません。たとえば何かに対してものすごく不安を感じるときは、脳砂を分泌するのではなく、塩を分泌します。それとともに、皮膚をとおして水を分泌します。

わずかでも自分を忘れるほど集中して見るという行為は、絶えず脳砂を分泌することなのです。非常に注意深く何かを眺めると、絶えず脳砂が分泌されます。私たちは、この脳砂を溶かさなくてはなりません。もしも、この脳砂を溶かさないでいると、私たちの脳のなかに、脳砂から非常に小さな花が形成されるでしょう。花を見るという行為は、私たちのなかに脳砂から微小な花を形成することなのです。ただ、その非常に小さな花は、ちょうど目のなかで像が上下逆転しているように、上から下に向いています。

なにも花である必要はありません。私たちが椅子を眺めると、眺めることによって、少し脳砂が形成されます。夢中になって眺めると、私たちのなかに、脳砂でできた、椅子の小さな像が形成されます。顕微鏡で見えないほど微細な像です。室内を眺めていると、空間全体が逆向き、つまり床が上になった、非常に小さな珪石でできた像が脳内に組み立てられるでしょう。その像が私たちのなかで構築されつづけたら、巨大になってしまうでしょう。ただ私たちは、そのようなものを発生させません。私たちは像全体を溶かします。この点で、私たち人間は独特に構成されています。

宇宙は絶えず私たちのなかに、そのような形態を作ろうとしています。世界を逆向きにした形態です。私たちが眠ると、溶かす力は発展しません。夜、私たちが何も見ないとき、世界のなかに存在するものによって、そのような形態の像が絶えず作られます。それらの形態は主に、地球が太陽とその光に照らされず、はるか彼方から到来する力にさらされるときに形成されます。私たちはこれらの力に絶えず帰依しているのです。

ですから、「私たちが眠ると、宇宙によって私たちのなかにさまざまな鉱物的・無機的な形態が作られる。私たちがものを眺めるときにも私たちのなかに形態が作られるのだが、それは私たちの周囲にあるものと同様のものである」と、言うことができます。

眠ると、私たちは宇宙の模像を作ります。宇宙のなかでは、すべてが結晶状に配置されています。私たちが見るものは、宇宙の諸力によって結晶のように配置されたものなのです。さまざまに、結晶が宇宙全体から形成されます。同じことが私たちの内部でも生じます。私たちが外界を知覚し、周囲を眺めると、周囲にあるものが私たちのなかに形成されようとします。しかし、それが体内で硬化するのを私たちは絶えず防ぎ、絶えず溶かさなくてはなりません。

さて、独特の経過が進行します。花が自ら無機的な珪石像を作ろうとする、と考えてみましょう。その像が人体内で発生してはなりません。そんなことになったら、私たちは花について何も知ることができず、頭のなかに痛風が発生します。その像は、まず溶かされねばなりません。

絶えず生起しているこの経過を、さらに見ていきましょう。ぬるま湯の入った壺があるとしましょう。だれかが皆さんに目隠しをします。目隠しをしたあと、水に溶けるものを、その人は持ってきます。皆さんはぬるま湯のなかに手を入れています。目隠しをされているので、ぬるま湯のなかに何が入れられたのか、見ることができません。

その人は皆さんに、「君は手を湯のなかに入れた。なかに何かがあるのを感じるかい」と、問います。

「うん、ぬるま湯だ」

「ほかに何か、別のものを感じるかね」

「うん、指のまわりが冷たくなった」

どうして、そうなるのでしょう。ある人が湯のなかに何かを入れます。それは溶けます。その溶解によって、指のまわりでぬるま湯が冷たくなるという作用が起こるのです。皆さんはこの溶解を感じ、「なかで何かが溶けている」と言うことができます。

これと同じことが、私たちが内部に対象物の像を形成し、それを溶かすときに生じています。私たちは溶解を感じて、「外には対象物がある。それが私たちのなかに像を形成する。その像を、私たちは溶かす」と言います。私たちはその像を溶かすことによって、対象物がどのように見えるかを知ります。

こうして、私たちは対象物について思考できるようになります。私たちはまず、対象物の像を溶かさねばなりません。そうすることによって、思考内容がやってくるのです。もしも私たちが像だけを有するなら、私たちは気絶することでしょう。しかし、私たちは力強いので、像を溶かし、対象物について知るのです。これが、私たちが何かを見るときに気絶するか、対象物についての知識を得るかの違いです。

だれか病気の人を考察しましょう。そして、恐ろしい雷が鳴ったとしましょう。そうすると、その雷によって、目ではなく、耳をとおして脳砂が堆積して像を作ります。その人は、その像を速やかに溶かすことができません。たぶん、その人は意識を失い、気絶します。

もし、その人が健康なら、意識を失いません。脳砂を素早く溶かすからです。気絶するのは、脳砂を速やかに溶かしていないということです。気絶しないのは、脳砂を素早く溶かしているからです。私たちはまわりのものを見るために、常に脳砂を素早く溶かさなくてはなりません。

こうして、人間がどのように宇宙の力に向き合っているかが分かります。先回、「脳のなかで脳細胞が絶えず死んでいくようなあり方で人間が宇宙の力に向き合うとき、脳細胞はまったく不活発だ。だから、人間が脳細胞を動かさなくてはならないと、言いました。脳細胞を使用するのは、人間の心魂・精神です。

いま私たちは、絶えず脳細胞を溶かす力を見出します。脳砂は絶えず細胞を殺します。脳砂が混入することで、細胞は絶えず死ぬのです。私たちはそれを防がなくてはなりません。そうすることによって、私たちは人間であることができるのです。私たちは脳砂に対抗して活動できるのです。

動物の場合は異なります。動物は、人間のようには強く脳砂に作用できません。ですから、動物は私たちのような頭を持っていません。私たちの頭は、絶えず私たちのなかに入ってくるものを溶かすことができます。人間は自分のなかに入ってくるものを溶かすことによって、自分を「私」と言うことができます。自分のなかに入ってくるものを溶かすことによって、人間はそのように感じることができるのです。

人間が「私」と言うとき、脳砂は最も溶解します。そのとき、私たちは言葉を意識で満たします。すると、脳砂が溶けます。そもそも神経砂すべてが溶けます。動物の場合は、そうではありません。動物は咆えますが、本当の言語は発しません。ですから、動物には自己を感じ、人間のように自分のことを「私」と言うことができません。人間は遥(はる)かに大量に脳砂を溶かしているのです。
「私たちは地上にあるものに対してだけ防御しているのではない。私たちは宇宙の力も防いでいるのだ」と、言うことができます。宇宙の力が私たちを内的に結晶させていたかもしれません。それらの結晶が重なり合って、私たちの内部は山地のようになっていたかもしれません。私たちは内的にそれを防ぎます。私たちは内部で山地のようになろうとするものを絶えず溶かします。私たちは絶えず溶解の力をもって、宇宙の力を防ぎます。それらの結晶を作るのは珪酸です。私たちは珪酸だけを溶かすのではありません。私たちはあらゆるものを溶かします。私たちは糖の成分などを溶かします。

　この話を続けましょう。正確には知らないながら、なにか漠然としたものを自分のなかに感じているとしましょう。そのようなことが、本能のように人間のなかで起こります。「ああ、私はしっかりした考えを思いつけない。自分の思考をちゃんとまとめられない」と感じている、としましょう。

　毎日記事を書くジャーナリストは、特にこのような気分になりやすいものです。毎日記事を書くのは、恐ろしくたくさんの脳砂を溶かすことです。毎日記事を書くというのは、吐き気をもよおすことです。恐ろしくたくさんの脳砂を溶かすからです。記事を書かねばならないと、ジャーナリストはペン軸の後ろ側を噛(か)みはじめます。昔は、そうでした。ジャーナリストは「自分のなかに力を取り出すために、ペン軸の後ろを齧るのだ」と、陰口をたたかれました。何かを噛むと、最後の力を全身から頭のなかに取り出して脳砂を征服できるのです。ジャーナリストは脳砂をたくさん溶かさなくてはなりません。

すべては本能的に行なわれます。ジャーナリスト自身は、書くことを思いつくためにペン軸を噛む、とは思っていません。さらに、本能的にジャーナリストは喫茶店に行き、ブラックコーヒーを飲みます。ジャーナリストはこの経過について何も知らないので、何も考えません。しかし、コーヒーを飲んだら、驚くべきことに、また書くことができるのです。

どうして、そうなるのでしょう。コーヒーを飲むと、カフェインを摂取するからです。カフェインは窒素を非常にたくさん含む有毒物質です。窒素は空気中にあります。私たちは窒素を取り込むことができます。呼吸すると、私たちはいつも酸素と窒素を得ます。脳砂を溶かさなくてはならない人は、脳砂を溶かすために、特に窒素に含まれる力を必要とします。私たちは窒素から、脳砂を溶かすための力を取り出します。

私たちは夜眠ると、起きているときよりももっと窒素に晒されます。そして、「もっと酸素を吸い込むと、私たちは迅速に生きることになる。もっと窒素を吸い込むと、私たちはゆっくり生きて、脳砂をもっと溶かすことができていただろう」と、言うことができます。

　コーヒーを飲むジャーナリストは無意識に、自分が摂取する窒素を計算に入れているのです。カフェインをとおして得られる窒素によって、もっと多くの脳砂を作っては溶かす可能性を得るのです。そうすると、ペン軸を齧（かじ）る必要はなくなり、ペンで書くことができます。ばらばらだった自分の思考がふたたび結び付きます。

　どのように人間の自我が働くかが分かります。皆さんが窒素に富んだ食物、カフェインを胃のなかに取り込むので、自我は脳のなかに窒素を運びます。そうすることによって、脳砂は溶けやすくなります。そして私たちは、一つの思考内容を別の思考内容に結び付ける可能性を得ます。

　ところで、多くの人があまりにも強く思考内容に結び付けられて、自らの思考内容から解放されない状態にあります。彼らには、常に自分の脳砂に働きかける傾向があります。そのような人は、それとは反対のプロセスを行なうとよいでしょう。

一方には、関連のある思考内容を展開することによって、自分の思考をまとめることのできる人がおり、他方にはコーヒーに含まれるカフェインの助けを借りる必要のある人がいます。

自分の思考内容同士をあまり強く結び付けるようなことをせずに、思考内容を輝かせようとする人もいます。人々の頭に自分の考えを放り投げるようなことをする人もいます。そのような人は非常に才気にあふれているように見えます。そのような人は紅茶を飲みます。紅茶はコーヒーとは反対の作用をします。紅茶は思考内容を四散させます。

人体のなかで生じる経過は非常に興味深く、複雑です。いろんな食物が、さまざまな方法で作用します。私たちは本来発生しようとするものに、対抗するものを付け加えねばなりません。私たちは発生したものを、ふたたび溶かさねばなりません。私たちは最高の精神性によって、内的に人間を溶かします。

窒素を含んでいるものを少ししか食べないでいると、容易に眠りに陥ります。食物とともに窒素を少ししか摂らないからです。ですから、あまりにも眠いときには、窒素に富んだ食料を摂るようにしなければなりません。それは、さまざまな方法で行なえます。特にチーズや卵白、つまり卵を摂ると、そうできます。そうすると、窒素が私たちのなかで増えます。そのように人間の個我が働けるようにしなければなりません。

きょうは初めに、「畑にキャベツができる。しかし、キャベツを栽培する人がいなければ、キャベツは育たない」と言いました。畑を正しく耕さねばなりません。そのように、個我が活動できるために、私たちの脳は必要な物質を含んでいなければなりません。

個我は宇宙の広大な力全体と関連しています。宇宙の諸力は、いつも私たちを固い石にしようとしています。私たちは自分を、常に溶かさねばなりません。私たちが自分を溶解できなかったら、私たちは考えることができないでしょうし、個我意識にいたらないでしょう。この溶解によって、個我意識と名付けられるものが存立するのです。

一つの世界観に学問的に取り組んでいこうとするなら、これらの問いにまず理性的に答えねばなりません。人間と宇宙との関係について知ろうとするなら、そうしなくてはなりません。この溶解に関連するものを把握するのが最も重要なことです。人間が死ぬと、物質的人間は完全に溶解します。いかなる瞬間にも私たちのなかで溶解が行なわれているということを知らないと、人間が死において体験する溶解を、私たちは決して把握できません。

私たちは本来、宇宙の力を自分のなかで防げるということを、まず知らねばなりません。宇宙の力を私たちのなかで絶えず溶かすことができるのです。食料が私たちに提供する成分をとおして私たちは宇宙の力を溶かすのですが、自分のなかに有する成分をもう溶かせなくなったら、人間は自分自身を溶かし、死骸になります。自分自身を溶解するようになるのです。

次には、「人間が自分を溶解するとき、何が起こるのか」と、問わなくてはなりません。

きょうは、「絶えず溶解プロセスが進行している。私たちのなかに窒素が少なすぎて、宇宙から私たちのなかに形成されるものを溶解する力を私たちが持たないと、私たちの個我はまず無気力になるか、眠くなる。眠くなるというのは、私たちが十分に溶解を行なえず、堆積を引き起こす力が私たちを圧倒しているのだ。この力が増大するのだ」ということが分かりました。

皆さんは眠ると、ふたたび目覚めることができます。眠るときに身体のなかで生じるものから、精神的なものについて推論するべきではありません。人間がいなければ、機械は何も生産しません。同様に、精神が存在しなければ、人間には何も起こりません。ものごとを本当に科学的に真面目に受け取る人は、私の言うことを納得するでしょう。

注

◆**1 思考のための畑**……畑でキャベツを栽培する人がいるように、脳を使って思考する主体が存在する。

◆**2 痛風結節**……尿酸が尿酸ナトリウムの結晶になって沈着してできる肉芽腫組織。

肝臓の働き

脳のなかには、細胞と呼ばれる小さな形成物があります。その形を描いてみましょう（図1）。

これらの細胞のなかには蛋白質があります。そして星形の突起がありますが、突起は一様ではなく、長かったり短かったりします。一つの細胞のとなりに、突起のある別の細胞があり、そして突起のある第三の細胞があります。丸い細胞から発する突起や線維がたがいに編み込まれて、網を形成しています。裸眼では見えませんが、拡大すると、脳は網状のものなのです。その網のなかに、小さな球が貯蔵されています。

とても変わったことですが、これらの脳細胞は実は半分死んでいます。脳細胞という小さな存在は、生きていると動くものです。私は皆さんに他の細胞、つまり小さな生物のように泳ぎまわっている白血球について説明しました。
白血球は小さな生物といえます。白血球は泳ぎまわり、貪食します。白血球が受け取れるものが血液中にあると、白血球はそれを受け取ります。触手を伸ばして、それを体のなかに取り込みます。白血球は川のように私たちの身体を貫いて流れ、泳いでいます。そのように、私たちの血液のなかを、半ば死に半ば生きている細胞が泳ぎまわっています。

私たちが起きているとき、脳細胞は本当にほとんど死んでいます。脳細胞が死んでいることによって、私たちは思考できるのです。脳細胞が生き生きとしていたら、私たちは思考できなかったことでしょう。

睡眠中、私たちが思考していないとき、脳細胞は少し生きはじめます。ただ、脳細胞はたがいに隣接しているので、動けないでいます。たがいに躱（かわ）すことができないので、動かないのです。もしも脳細胞が動きはじめたら、私たちはもはや目覚めないでしょう。

ある人に知的障害が生じたとしましょう。その人の死後、脳細胞を調べると、「知的障害になった人の脳細胞は生きはじめようとしていた。増殖しはじめていた」ということが分かります。ですから、精神遅滞の人は脳軟化症状態になっているのです。

本当に先入観なしに、生きている人間のことをよく知ると、「人間のなかにある生命、身体的な生命は思考をもたらさない。人間が思考すべきとき、生命は脳のなかで死滅しなくてはならない」と思われます。科学は正しく進歩すれば、唯物論的なものではありえないでしょう。そうなれば、脳におけるように、身体的なものが死滅すると精神が生き生きと活動する、ということが人間の身体状態そのものから分かるでしょう。厳密に科学的に、心魂と精神を証明できるのです。

夜、私たちが眠ると、脳細胞はいくらか生き生きとします。ですから、私たちは思考することができません。白血球は、私たちが目覚めると、活発になりはじめます。

●図1

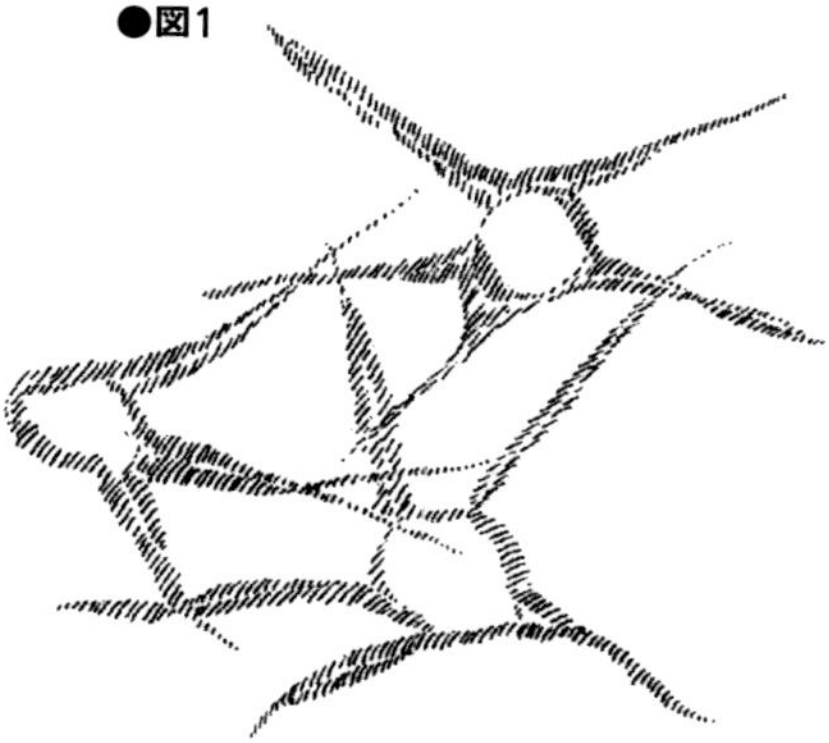

私たちの脳細胞が麻痺し、ほとんど死んだようになると、私たちは目覚めます。そして、私たちは考えることができます。白血球がいくらか死んだようになり、脳細胞が少し生命を持ちはじめると、私たちは眠り、思考することができません。人間は考えるべきとき、つまり心魂的に生きるべきとき、自分の身体のなかにいくらか〈死〉を有する必要があるのです。

たとえばオックスフォード大学は、スイスやドイツやオーストリアの大学とはまったく異なった方法で組織されています。オックスフォードはイギリスの主要な大学の一つです。オックスフォード大学には、まだ中世的な要素が残っています。オックスフォードで学位を授与された人、つまり博士になった人は、ガウンと角帽を授けられるのです。イギリスの大学には、各校独自のガウンと角帽があります。オックスフォードとケンブリッジの学士や博士はひと目で区別できます。ガウンと角帽の型が違うからです。このガウンと角帽を、祝典の際には身につけなくてはなりません。そうすることによって、どこの大学にいたかが分かるからです。

イギリスではこのようなことが、中世から保たれています。たとえば裁判官は職務中、鬘(かつら)をかぶらねばなりません。中世的なものがしっかりと保たれているのが分かります。ヨーロッパ大陸では、もはやそうではありません。ガウンを羽織りませんし、裁判官は鬘をかぶりません。

外から見ると、イギリスのしきたりはヨーロッパ大陸人にとって非常に愉快なものです。ヨーロッパ大陸の人間は単に、「彼らは中世にどっぷり浸っている。学士や博士はガウンと角帽で通りを歩く」と、思います。しかし、これにはまったく別の意味があるのです。イギリスでは、学問も中世におけるように営まれています。イギリスで営まれているのは、非常に好感の持てるものです。イギリスで営まれているのは、それらをすべて廃止した今日のヨーロッパの大学とは反対のものです。

誤解しないでほしいのですが、私はふたたびガウンを着るようにはしたくありません。しかし、イギリスで行なわれているのは、今日のヨーロッパの大学で営まれていることがらに比べて、非常に好感の持てるものなのです。そこには「全体」が存在しているのです。

中世には、あらゆる形で「全体」が保たれていました。中世には、あらゆるものを探究できました。ただ、宗教の独占物である宇宙については探究してはなりませんでした。これも、オックスフォードではまだ感じられることです。超感覚的世界について何か言おうとすると、人々は非常に冷ややかな反応を示します。宗教生活についてあけすけに語りさえしなければ、中世の学問には完全な自由があったのです。

ヨーロッパ大陸では、大学にいる人は唯物論者でなくてはなりません。唯物論者でないと、異端者のように扱われます。何か新しいものを学問の領域に導入しようとする人がどんなふうに扱われるか、間近に見ることができます。外的な鬘はなくなりました。しかし、内的な鬘はヨーロッパ大陸からなくなっていません。

ヨーロッパ大陸で発展した学問は、別の習慣を持っています。この学問は精神的なものを取り扱うことに慣れなかったので、唯物論的になっています。中世には精神的なものは宗教に委ねられていたので、学問は精神的なことがらに関われませんでした。今日まだ、このようなあり方が続いています。人々は身体のみを取り扱い、人間の精神的な部分については何も学びません。これは学問の怠慢です。

このようなことを話したのは、「人間が母体のなかで身体を発達させているとき、心魂と精神が身体のなかに入ってくる。そして死に際して、精神は身体を去る。今日、本当の科学に打ち込んでいる者は、そのように語ることができる」ということを、皆さんに理解してもらいたいからです。本当の科学を知らねばなりません。事実に即して学問に携わることができなくてはなりません。

今日の科学は何を行なっているでしょうか。たとえば、ある人が五〇歳で肝臓病になり、肝臓病で死んだとしましょう。その人を解剖台にのせ、開腹して、肝臓を調べます。

多分、肝臓が内的にいくらか硬化しているのが分かります。「どうしてこうなったのか」と人々は考えますが、「この人は何を食べたのか」と考えるくらいです。よくない食事だったので肝臓が硬化したのだろう、というわけです。

しかし人間の本質は、肝臓を調べれば肝臓の状態が分かるほど、簡単に理解されるものではありません。その人の晩年の状態から、なぜ肝臓がこうなったのか、認識することはできません。

五〇歳の人の肝臓を摘出して、肝臓が硬化しているのが分かったら、多くの場合、その人が乳幼児期に誤ったミルクで育てられたのが原因です。すべての場合ではありませんが、たいていの場合、そうです。五〇歳で現われる病気の原因は乳幼児期にあるのです。なぜなのでしょうか。

肝臓を本当に調べることができて、肝臓が人間のなかで意味するものが分かると、つぎのように言うことができます。幼児の肝臓は新鮮です。それどころか、まだ発達中です。肝臓は人体の他の部分とはまったく異なっており、特別のものです。それは外見からも分かります。

人間の臓器、心臓や肺などは、人体全体に属していると言えます。たとえば、右肺のなかに肺動脈が入っていき、肺静脈が出ていきます。中に入っていった血液は酸素を受け取り、酸素は身体に運ばれます。肺動脈中の静脈血は、使い果たされたもの、二酸化炭素を多く含み、二酸化炭素は出ていかなくてはなりません。吐き出されねばなりません（図2）。

胃や心臓などは、どの器官も赤い血を得て、青い血を出すようにできています。肝臓の場合は違います。たしかに本質的には、肝臓の場合もそのように見えます。肝臓は人体の右側の横隔膜の下にあります。赤い血管が入っていき、青い血管が出ていきます。それだけなら、肝臓は他の人体器官と同様の臓器です（図3）。

しかし、その他にもう一本、大きな血管が肝臓のなかに入っていっています。その血管には酸素が少ない静脈血、青い血が流れており、二酸化炭素を含んでいます。このようなことは、他の臓器にはありません。青い血管、つまり門脈が肝臓のなかに入っていっています。この血管は、いたるところで分岐し、青い血によって肝臓を養っています。他の臓器には役に立たない血液、普通なら二酸化炭素を吐き出すことによって浄化される血液です。私たちは肝臓のなかに、絶えず二酸化炭素を送り込んでいるのです。他の臓器が放り出さねばならないものを、肝臓は必要とするのです。

どうして、そうなるのでしょう。肝臓は一種の内的な目だからです。肝臓は本当に、一種の内的な目です。特に、子どもの新鮮な肝臓は味も感じます。母の胸から吸う乳の質も感じ取ります。後年になっても、人体のなかに入ってくる食料すべてを肝臓は知覚します。肝臓は知覚器官、目なのです。触覚器官と言うこともできるでしょう。肝臓はすべてを知覚します。

別の知覚器官は、頭部にある目です。目は頭のなかに特別に置かれているために、外界をしっかりと知覚します。目は骨の窪み（眼窩）のなかにありますが、ほとんど身体から分離した器官です。目は取り出すことができます。目は身体から分離して、この骨の窪みのなかにあるのです。他の感覚器官は、目のように私たちを外界に導きません。

●図2

●図3

聞くとき、皆さんは内面で体験しています。ですから、音楽は見るものよりも内的です。目は人体に属すよりも、外界に属すように作られています。

青い血は、普通は炭酸（二酸化炭素）を外界に放出して、ふたたび赤くなります。しかし、青い血が肝臓のなかに入っていくことによって、肝臓は目のように、他の身体部分からほとんど分離しています。つまり、肝臓は感覚器官なのです。

目は色を知覚します。他方、肝臓は私が食べた酢漬けキャベツが有益か有害か、知覚します。私が飲んだ牛乳が体に良いか悪いか、知覚します。それを肝臓は鋭敏に知覚し、胆汁を分泌します。目が涙を分泌するように、肝臓は胆汁を分泌します。

本当に、そうなのです。人間は悲しくなると、泣きはじめます。涙は、いわれなく目から流れるのではありません。悲しくなるのは、事物を知覚すること、事物に気づくことに関連しています。何かが体に有害か有益かを肝臓が知覚することに、胆汁の分泌は関連しています。人間が得るものがどれくらい有害かによって、肝臓は胆汁を分泌します。肝臓は知覚器官なのです。

さて、子どもが不健康なミルクを飲むと、肝臓は絶えず憤ります。胆汁をたくさん分泌しても、すぐには黄疸（おうだん）にならないぐらいに健康な人がいます。そのように、その子は胆汁を分泌するよう、絶えず駆り立てられます。肝臓は子どものときに、すでに病気になります。それに対して人間はかなり持ちこたえることができます。乳児のころに病んだ肝臓を、四〇～四五年、酷使することができます。しかし、五〇年経つと、爆発が起こります。肝臓が硬化するのです。

五〇歳の人を解剖台にのせて開腹し、取り出した臓器を見ただけでは、何も分かりません。人間は単に現在の瞬間の存在なのではありません。何十年も発展していく存在です。しばしば、五〇年前のことが、その五〇年後に現われます。これを理解しようとするなら、人間を完全に知らなくてはなりません。

「肝臓の病気の原因は乳児期にあって、五〇歳のときに現われることがある」と、私は言いました。しかし、人体はどのようになっているでしょうか。図式的に、人間は血液や筋肉などといったものからできている、としてみましょう。人間のなかには血管や神経があります。もちろん、それらはすべて物質です。しかし、たとえば「乳児の肝臓のなかにある物質が、五〇歳になったときにもまだ存在する」と、皆さんは思うでしょうか。そんなことはありません。

最も簡単なことがらを取り上げましょう。皆さんは爪を切ります。爪を切らないと、大鷹の鉤爪（かぎづめ）のように伸びていきます。皆さんは絶えず、物質の一部を切り離しているわけです。髪を切るときも、物質の一部を切り離しています。物質がなくなるのは、髪を切ったり、爪を切ったりするときだけではありません。長いあいだ髪を洗わないでいて、頭を掻くと、鱗屑が落ちます。皮膚の一部です。まったく頭を洗わず、汗が小さな鱗屑を体から洗い流すこともないと、鱗屑で覆われた体になります。つまり、身体の外側で、絶えず物質が脱落しているのです。

爪を切ったとしましょう。爪は、また中から生えてきます。人体全体がそうなのです。最も内部にあるものが、およそ七年後に表面になります。それを私たちは、鱗屑のようなものとして払い落とすことができます。さもなければ、自然がそうします。微細な鱗屑がいつも取れていることに、私たちは気づきません。人体内の物質は、いつも内から外に進み、はがれます。今日皆さんが内に有しているものは、七年後には外側に来て、はがれます。

そして、皆さんが内に有するものは、新たに形成されます。まったく新たに形成されます。七年毎に、人間の素材の柔らかい部分は新たに形成されます。小さな子どもの場合は、ある種の骨に関しても、そうです。ですから、乳歯はおよそ七歳までしか存在しないのです。乳歯は抜けて、新しい歯が内から形成されます。新しい歯がとどまっているのは、歯を押し出す力がもはや人間にないからです。

現代人には、歯が長く保たれない傾向があります。人間はよく持ちこたえることのできるものですが、人々の歯はどれくらい長く保たれるでしょうか。特にスイスでは、しばらく経つと、恐ろしく損傷されるでしょう。歯が損傷されるのは、特にこの地域の水に関係しています。

今日は自分のなかにある物質が、七年後にはもはや自分のなかにない、ということが分かっています。皆さんはその物質を放り出して、新たに形成します。物質に関して言うなら、たとえば今日ここに座っている人は、やがて存在しなくなるでしょう。かつて自分が有していた物質は消え失せます。その人は物質としては、まったく新たになるのです。その人は昔も、いまと同じ名前で呼ばれていました。その人自身は、いまでも同じです。しかし、物質としては同じではありません。

物質を絶えず結合させている力、物質が去ると新たな物質を運んでくるものは、超感覚的な力です。物質は、人間を解剖台にのせれば、見ることができます。しかし、人間のなかに広がっている力を見ることはできません。

乳児のときに肝臓を台なしにし、五〇歳で肝臓病が現われたとき、肝臓の物質はすっかり入れ替わっています。五〇年前の物質は、とっくになくなっています。肝臓病になるのは、物質のせいではありません。目に見えない力のためです。その力が乳児期に、肝臓が正規に活動しないことに慣れたのです。物質ではなく、活動が混乱したのです。

肝臓がそのようなあり方をしているということが明らかになると、「人間はいつも物質を取り替えている。だから、物質ではないものを自分の内に担っていることが明らかだ」と、私たちは言わねばなりません。この考えを本当に理解すると、科学的な根拠から唯物論者になるのは不可能だ、ということが分かります。人間は五〇歳になっても子どものころと同じ素材でできている、と思う人は唯物論者です。純粋に科学的な根拠から、必然的に「精神的なものが人間の基盤になっている、人間は精神的なものを自らの内に担っている」と、言えるのです。

皆さんは、五〇歳のときにはとっくになくなっている素材が肝臓を作り上げている、とは思わないでしょう。その素材が肝臓を作り上げるために何かをなしうる、とは思わないでしょう。その素材部分は肝臓から去っていきました。その素材部分のための空間は残っていません。絶えず肝臓を新たに形成するのは超感覚的な力です。超感覚的なものが、肝臓を絶えず新たに形成するのです。

人間が生まれてくるとき、全身が新たに形成されねばなりません。母体のなかで胎児が形成されるとき、肝臓のなかに存在する力がすでになくてはなりません。皆さんは、「母体のなかで、女性の卵細胞と男性の精細胞が出合う。そこから、人間が発生する」と、言われるかもしれません。しかし、そのような素材の混合からは、人間は発生できません。幼児期に台なしにされた素材から、五〇年後に肝臓病が発生することはないのと同じです。その素材はなくなってしまいます。「母体のなかで、素材から人間が形成される」と主張する者は、「私はここに木材を重ねて置く。そして、二〜三年、私は座っている。そうすると、二〜三年後に見事な彫像ができる」と主張している人と同じです。

もちろん、精神が物質素材を用いるのです。そのようなことが、母体のなかで起こります。人間は母体のなかで形成されるのではありません。この素材は精神によって加工されます。彫刻家が素材を加工するのと同じです。そのようにして、物質素材が放出されると、人間を新たに形成するものが、人間のなかで作り出されます。

素材が大きな意味を持つのなら、私たちはわずかしか食べる必要がなかったでしょう。小さな子どもなら、もちろん、大きくなるために食べねばなりません。しかし、二〇歳まで成長したら、もしも素材がいつも同じものにとどまるなら、私たちはその後何も食べる必要がないでしょう。

しかし、私たちは成長したあとも、絶えず食べなくてはなりません。人間のなかに残るもの、一生のあいだ存在するものは物質ではなく、精神的・心魂的なものだということを、これは証明します。精神・心魂は、受胎以前から存在しているにちがいありません。精神・心魂は最初から身体素材に働きかけ、その後も働きかけていきます。

人間は生まれると、最初はほとんど眠っています。乳児期の最初に、多くても一時間から二時間しか起きていないなら、その子は健康です。その他の時間、乳児は絶えず寝ているべきです。ほとんどいつも眠っていることが必要なのです。

しかし、「乳児は絶えず眠っている必要がある。乳児は眠るべきである」というのは、どういう意味でしょう。それは、乳児の脳はまだ生命的だ、ということです。白血球はまだ、あまり生き生きと身体を貫いていません。白血球はまだ安らいでいるべきです。脳はまだ死んでいません。ですから、乳児は眠らねばならないのです。

乳児はまだ思考することができません。思考しはじめると、脳細胞もしだいに死んでいきます。成長期のあいだは、成長する力が脳に作用して、脳を柔らかく保ちます。しかし、成長期が終わると、脳のなかに入ってくるべきものが睡眠中上昇してくるのは困難になります。その結果、私たちは年を取るにつれて、よく思考できるようになります。しかし、私たちの脳は死への傾向を持つようになります。私たちが成長すると、脳は絶えず死んでいくのです。

さて、人間はよく持ちこたえることができ、非常に長期にわたって脳を夜間に、充分に柔らかく保つことができます。しかし、頭へと上昇する力が、もはやしっかりと脳の面倒を見ることができなくなる時がやってきます。脳は老年に近づいていきます。

人間の死の原因は何でしょうか。いずれかの器官が崩壊すると、精神はもはや活動できません。異常をきたした機械では仕事ができないのと同じです。しかし、そのことは度外視しましょう。けれども、脳はだんだん固くなっていき、人間はもはや脳を正規の状態に回復できません。

昼間、脳は絶えず崩壊していきます。身体が脳を回復させるのではありません。精神・心魂が回復させるのです。しかし、こう表現してよければ、精神・心魂は毒のようなものです。人間が起きているとき、精神・心魂は脳を崩壊させます。脳が回復できるためには、私たちは眠る必要があります。

もしも脳が思考できなかったら、脳は殺されずにもっと強くなっていきます。思考せずに動かす腕は、ますます強くなっていきます。脳は思考すると、どんどん弱っていきます。脳は、生命的であることによって思考する器官ではありません。脳は死滅することによって思考するのです。そうして身体はいつか、人間には不要になります。精神は存続しますが、身体はいつか不要になります。

私は、「肝臓は感覚器官だ。一種の目のように、体内にある」と、言いました。さきほど述べたように、五〇歳で肝臓が硬化したら、それは肝臓病です。しかし、肝臓は後年には、いくらか硬化していきます。幼児のときは、肝臓は新鮮で柔軟です。まわりの組織とは異なった細胞群、すなわち赤茶色の組織の島が網で結び付いています。肝臓は、組織の島からできています。それが肝臓の組織です。

肝臓は、幼年期には柔らかく弾力があります。年を取るにつれて、肝臓は固くなっていきます。同じことが目にも起こります。年を取ると目の内部は固くなっていきますが、病的に固くなると白内障になります。肝臓は病的に固くなると、肝膿瘍を伴う肝硬変などになります。

しかし健康な状態においても、感覚器官としての肝臓は使い古されます。目が使い古されるのと同様です。肝臓は使い古されるので、体内に入った食物が有用か有害か、だんだん知覚しなくなります。年を取ると、胃のなかに入ってきたものが有用か有害かを、肝臓はもはやよく判断できなくなります。

健康であれば、肝臓は有用な素材を身体に行き渡らせ、有害なものを防ぎます。しかし、肝臓が害されると、有害な素材が腸腺、リンパ液のなかに入ってきて、身体を巡り、いろいろな病気が現われます。以前は、人間は肝臓をとおしてよく知覚できました。年を取ると、もはやそのように内部を知覚できなくなります。その人は、自分の身体に関して、内的に盲目になるのです。

外的に盲目になるのであれば、誰かほかの人が手を引いて助けることができます。しかし内的に盲目になると、正常な経過が損なわれます。すぐに、大腸癌・胃癌・幽門癌が発生したり、肝臓が不調になったりします。身体はもはや役に立たなくなります。常に更新されていくべき新しい素材が、もはや正常に身体のなかに導き入れられません。心魂は、もはや人体と共に歩んでいくことができません。身体を完全に投げ捨てなければならない時がやってきます。

身体が毎年、投げ捨てられるのが分かりました。鱗屑(ふけ)が落ちたり、爪を切ったりするとき、いらなくなったものを投げ捨てているのです。しかし、なかにある力は残ります。すべてが役に立たなくなると、なかで働いているものはもはや補充できません。爪や鱗屑等が身体から投げ捨てられるように、いまや全身が投げ捨てられます。そして、残るのが精神です。人間を理解するときは、身体と精神に従って理解するのであり、人間が単に身体的なものだというのは本当ではありません。

それは宗教的なことがらだ、と言われるかもしれません。単に宗教的なことがらではありません。この〈ゲーテアヌム・サイエンス〉[◆1]では、単に宗教的なことがらを扱うのではありません。宗教をとおして人々は、身体が死んでも人間は死なない、という安心を得ることでしょう。これは根本的に利己的な感情です。説教師は、このことを計算に入れています。このような宗教的なことがらが大事なのではなく、本当に実践的なことがらが大事です。

人間を解剖台にのせて開腹し、肝臓を眺める人は、乳児にきちんと栄養を与えるように努めねばならない、ということまでは考えないでしょう。しかし、子どもの成長過程をよく知っている人は、健康な人間になるために子どもをどのように育てるべきか、考えるでしょう。幼児期に健康を確立することは、のちに病気を治すよりもずっと重要です。人間を丸太のようにしか見なさない人は、このことについて何も知りません。

もう一つ、別の例をあげましょう。学校に子どもがいて、私がその子に絶えず、いろんなひどい食品を食べさせ、記憶力に過剰な負担をかけて勉強させている、としましょう。すると、その子は正気を保てません。大人が子どもの精神を消耗させているのです。単に精神を消耗させているのではありません。精神は絶えず身体に働きかけるからです。私が子どもに誤った教育をすると、その子の一定の器官を硬化させます。脳のなかで用いられるものが、ほかの器官を駄目にするからです。子どもの脳に負担をかけすぎると、腎臓が病気になります。身体的な影響によって子どもを病気にするだけでなく、どのように授業を行なうかによって、子どもを健康にしたり病気にしたりするのです。

人間を本当に知ると、学校で正しい授業が行なわれるようになります。今日の科学のように人間を知ると、「肝臓はこんなふうに見える。ここに赤茶色の肝臓の島がある」というふうに、大学で講義することになります。このような科学は実際的ではありません。教師は、このような科学では何も行えません。

「三〇歳で肝臓がこのような状態になるのなら、八歳・九歳で、肝臓が正常に発展するために必要なことを行なわねばならない。子どもに、自然界から取ってきたものを示す〈実物教育〉を行なってはいけない。八歳・九歳の子どもを教えるとき、臓器を正しく育成するものを提供しなければならない。私は子どもに何かを物語り、子どもに自分の言葉で再話させる。記憶力に過剰な負担をかけず、子どもに委ねる」と考えると、教師は教育に取り組めます。人間の身体・心魂・精神を知れば、このように分かります。そうすれば、正常に教育できます。

単に、体が死んでも人間は死なないという説教によって人を安心させたりしないことが大事です。そのように説教するのは、永世を願う人々の利己主義に働きかけ、その願望に応じているだけです。科学は願望には関わらず、事実を扱います。事実を認識すれば、すべてがプラクティカルになります。本当に人間を知ると、学校のなかで有益な教育が可能になります。

この点で、〈ゲーテアヌム・サイエンス〉は他の学問や科学と区別されます。学者だけでなく、一般人にも使える科学・学問にしていきたいと思います。科学・学問が人類に役立ち、人類の進化に働きかけるようにしたいものです。

今日の学問や科学は、技術においてのみ実践的です。たとえば医学の領域においては、いくらか実践的です。しかし神学や歴史を学んで、それを生活に応用することができるでしょうか。神学を説教に応用することはできません。説教をする宗教家は、人々が聞きたいと思っていることを語らねばなりません。法律家、弁護士、裁判官はどうでしょう。彼らは事例を詰め込み勉強し、試験に受かります。しかし、そのあと、あっという間に忘れてしまいます。実際の訴訟では、勉強したものとはまったく別の法則に則って審議されます。勉強したものは、生きている人間には用いられないのです。今日の学問は生活実践から離れています。これは悪いことです。

生活のなかにあるものは、使用できるものでなくてはなりません。使用できない学問、使いものにならない学問に取り組む人々は、使いものにならない人間になります。使いものにならない人間階級が発生します。

精神生活においても階級間の差異があるということを、私は『社会問題の核心』[2]で述べようと試みました。しかし、事実を示唆すると、あらゆる方面から「空想家だ」と言われます。しかし、ここでは空想的なことではなく、事実の認識が大事です。学問を実践的なものにして、本当に生活に介入できるようにすることが大事です。そうすると、人間は死についても安心するでしょう。

皆さんはあるべき学校教育を受けてこなかったので、多くのことが困難でしょう。しかし、しだいに理解していけるでしょう。他の人々もものごとを正しく理解していないのが分かります。私が〈ゲーテアヌム・サイエンス〉をオックスフォードで講義すれば、普通オックスフォードで講義されているものとは非常に異なったものになるでしょう。独特の講義ですが、しだいに理解されていくでしょう。

ゲーテアヌムで育成している学問・科学が世間に浸透するのがいかに困難か、理解していただきたいのです。困難であっても、そのような学問や科学を推進しなくてはなりません。そうしないと、人類は滅亡するからです。

注

◆**1**〈**ゲーテアヌム・サイエンス**〉……人智学運動のセンターである、ドルナッハ（スイス）のゲーテアヌムで研究される精神科学・自然科学。

◆**2**『**社会問題の核心**』……Die Kernpunkte der sozialen Frage 一九一九年刊行の社会改革論。邦訳、イザラ書房、人智学出版社。

腎臓の働き

これまでに考察したことは、これから私が語ることを理解するためにも重要なので、もう一度、短く述べておきます。

本質的に人間の脳は、星形の小さな形成物から成り立っています。この星の輝きのようなものは、非常に遠くまで伸びています。この小さな存在の分肢は絡み合い、織り合わさっています。脳は一種の織物のような組織であり、先に述べたような仕方で発生したものです。

脳のなかにいるこの小さな存在は、血液のなかにもいます。ただ、この小さな形成物である脳細胞は、夜間の睡眠中だけいくらか生きることができますが、充分に生きることはできません。脳細胞は、樽のなかに押し込んで固められたように、動けないのです。

しかし、血球、血液のなかにある白血球は動くことができます。白血球は血液全体のなかを泳ぎまわります。そして、人間が眠るときに、生命からいくらか遠ざかり、いくらか死に近づきます。眠りと目覚めは、脳細胞と神経細胞、そして血液中を動きまわり泳ぎまわる白血球の活動と休止に関連しています。

いかに人体が人生の経過のなかで変化するかを、肝臓のような器官において観察することができます。乳児期に肝臓が正規に知覚しないと、つまり肝臓が知覚を妨げられ、消化の知覚が不全だと、その結果がしばしば高年に、四五歳、五〇歳になって現われる、と先回話しました。肝臓は知覚し、消化を整えます。人体はよく持ちこたえるものです。乳児期に肝臓が害されても、肝臓は四五歳・五〇歳まで持ちこたえます。それから内的に硬化し、肝臓病が現われます。高年になって現われる肝臓病は、しばしば、乳児期に損なわれたものの結果なのです。

最もよいのは、乳児が母乳で育てられることです。子どもは母親の身体から出てくるので、子どもの全身が母親に類縁であるということが理解できます。生まれた子どもが、もっぱら母乳を吸えていると、最もよく成長するにちがいありません。子どもは母親に類縁です。もちろん、母乳によっては、子どもに適さないことがあります。たとえば苦かったり、塩辛かったりします。そのような場合は、ほかの人の乳にするのが良いでしょう。

さて、最初から子どもに牛乳を与えることができるかという問いには、乳児期の初期は牛乳はあまり適さない、と言わなくてはなりません。しかし、適切に薄めた牛乳を子どもに与えた場合、ただちに人体に対して恐ろしい大罪を犯した、と考える必要はありません。もちろん、生物によって乳は異なります。しかし、母乳の代わりに牛乳を与えることはできないというほど、その質は大きく異なってはいません。

子どもが母乳だけ飲んで、栄養を摂取していれば、何も噛む必要がありません。そうすると、のちに固形の食物を調理して摂取するときよりも、いくつかの器官が人体のなかでよく活動します。母乳は、子どもが飲むとき、まだ生きている、と私は言いたく思います。子どもが飲むのは、ほとんど液体状の生命と言えるでしょう。

内臓のなかでは、非常に重要なことが人体のために行なわれています。胃を通って腸(はらわた)に入っていくものは、すべて殺されねばならない、ということです。そして、腸壁を通ってリンパ管と血液のなかに行くときに、ふたたび活気づけられなくてはなりません。人間は摂取する食べものをまず殺し、そのあとでふたたび活気づけねばならない、ということを理解するのが最も重要です。

直接人間に摂取される外的な生命は、そのままでは役に立ちません。人間は自分が摂取するものをすべて、自分自身の活動をとおして殺し、ふたたび活気づけねばなりません。このことを知らねばなりません。しかし、通常の科学はそれを知りません。人間は筋肉や骨や神経を自分の内に有するように、活気を与える力、生命の力を自分の内に有しています。

この消化活動全体において、殺されたものが内部で新しい生命へといたって血液のなかに入っていくのを、肝臓が見ます。目が外的なものを眺めるのと同じプロセスです。

高年になると、目は白内障になります。かつて透明だったものが不透明になり、硬化します。同様に、肝臓も硬化することがあります。肝硬変は、目の白内障と同じものです。肝臓のなかで白内障が形成されるのです。人生の終わりに肝臓病が発生します。四五歳、五〇歳、もっとのちにも肝臓病が発生します。肝臓はもはや人間の内部を見なくなるのです。

皆さんは目で外界を眺めます。外界で響くものを、耳で聞きます。自らの消化活動を、皆さんは肝臓で見ます。肝臓は内的な感覚器官なのです。肝臓を感覚器官として認識する者だけが、人間のなかで生起することを理解します。肝臓を目に比較できるのです。いわば、腹部に頭があるのです。ただ、その頭は外を見るのではなく、内側を見ます。人間は意識化されない力によって内部に働きかけます。

子どもはこの肝臓の活動を感じることができます。子どもの場合は、大人とはまったく異なっています。子どもはまだ少ししか外界を見ません。子どもが外界を見るときは、よく勝手が分かっていません。しかし、それだけに一層、子どもは内部を知覚しています。乳のなかに、体内に入ってくるべきでないもの、内臓を通して排出しなければならないものがあれば、それを正確に感じます。乳が正常でなければ、後年における病気の元になるものが肝臓のなかに生じます。

目が外に向けられるとき、ただ外界を見るだけでは、私たちは人間として役に立たないでしょう。外界をまじまじと見回すでしょうが、脳と目が繋がっていないと外界について何も考えることができないでしょう。からっぽの頭でパノラマのまえに座っている状態と同じです。私たちは外界にあるものについて、脳で考えます。同様に肝臓は一種の目であり、目が脳に繋がっているように、肝臓も腸の活動状態全体を自ら診察するには一種の脳を持たなくてはなりません。

胃のなかで何が起こっているか、胃のなかで消化された食物、つまり糜粥・糜汁がどのようにペプシンと混ざるか、肝臓は眺めることができます。糜粥が幽門を通って腸のなかに入るとき、いかに腸のなかを糜粥が通っていくか、肝臓は見ることができます。消化された食物のなかで有用な成分が腸壁を通って分泌（吸収）され、リンパ管のなかに移り、リンパ管から血液のなかに入っていくのを、肝臓は見ます。しかし、それから先は、肝臓は何もできません。目が考えることができないように、肝臓はさらなる活動を展開できません。目が脳に繋がっているように、肝臓に他の器官が繋がっていなくてはなりません。

皆さんの内部には、絶えず消化活動を見ている肝臓があります。体内には、思考活動も存在しますが、日常生活においては、それについてまったく知られていません。皆さんは臓器については知っていますが、その思考活動については何も知りません。脳によって、目の知覚活動に思考が付け加わります。同様に、奇妙に思われるでしょうが、腎臓・腎臓系によって、肝臓の知覚活動・把握活動に思考活動が付け加わります。

通常の意識にとっては、腎臓系は尿を排出するものでしかありませんが、下品な臓器ではありません。普通は尿を分泌（生成）するものとしか思われていない腎臓は、肝臓に繋がっている器官で、内的な活動、つまり内的な思考を行なっているのです。腎臓は、脳のなかの思考とも結び付いています。脳の活動が秩序正しくないと、腎臓の活動も順調ではありません。

子どものころに、脳をきちんと働かせなかったとしましょう。たとえば、子どもに勉強をさせすぎ、単なる記憶力を働かせすぎて、たくさんのことを暗記させると、脳はまともに働きません。脳が活発になるためには、いくらかは暗記しなければなりません。しかし、あまりに多く暗記させると、脳はたくさん活動しすぎて、くたびれ、硬化します。子どもにたくさん暗記させすぎると、脳の硬化が生じます。脳が硬化すると、一生のあいだ、脳は正規に働きません。脳が硬くなりすぎるのです。

脳は腎臓と結び付いています。脳が腎臓と結び付いているために、脳が硬化すると、腎臓も正規に働かなくなります。人体はよく持ちこたえることができるので、全身がもはや正常に働かず、腎臓も正常に働かなくなるという症状が現われるのは、後年になってからです。本来なら使い果たされるべき糖が、尿のなかに見出されます。脳が正規に働かないので、身体は糖を使いきれなくなっているのです。糖が尿のなかに残ります。身体は順調でなく、人間は糖尿病に苦しみます。

人間が後年どうなるかは、精神活動、たとえば暗記のしすぎに拠るということを、特に明らかにしておきたいと思います。金持ちの人は糖尿病になりやすい、という話を聞いたことがないでしょうか。彼らは物質的には、子どもをよく世話しているでしょう。しかし彼らは、子どもにたくさん暗記をさせない教師、まともな教師が必要だ、ということを知りません。「国家が行なっていることは、みな良いことだ。心配ない」と、彼らは考えます。

子どもはたくさん暗記しすぎると、のちに糖尿病になります。物質的な食物だけで人間を健康にすることができるのではありません。心魂的なものを考慮しなくてはなりません。心魂的なものが重要だということを、人は次第に感じはじめます。身体が唯一のものではない、と感じはじめます。身体は心魂によって破壊されることがあるからです。化学者が実験室で食物について研究したことに厳密に従った食事を子どもがしても、心魂が順調でなく、心魂が考慮されていないと、人体は駄目になります。物質的な科学ではなく、本当の科学によって、受胎以前に存在しているもの、死後に存在するものに精通することを、人々は次第に学んでいくでしょう。心魂的なものを知るのです。このようなことがらにおいては、特に心魂を考慮しなくてはなりません。

私が話したことについて、今日の人間が何も知りたくないのは、どうしてなのでしょうか。今日の人間は、いわゆる教養を大事にしています。肝臓について、腎臓について語るのは無学なこととされているのです。それは教養がない、というのです。なぜ、これが無教養なことなのでしょうか。

古代ヘブライのユダヤ人たちは、腎臓について語るのを教養のないこととは思いませんでした。古代ユダヤ人から旧約聖書が生まれます。彼らは夜に悪夢を見たとき、「私の心魂が苦しめられる」とは言いませんでした。これは旧約聖書のなかに記されていることです。上流社会に属している今日のユダヤ人は、教養があるので、旧約聖書に記されていることを持ち出したりしません。しかし旧約聖書には、そのように記されているのです。

心魂がどのようなものか分からないと、「私の心魂が苦しめられる」と言いがちです。そのように言うとき、「心魂」は単なる言葉です。なにものでもありません。しかし、旧約聖書はかつて人類が有した叡智に基づいており、夜に悪夢を見るときは、「腎臓が人間を苦しめる」と、正しく述べています。「悪夢を見るときは、腎臓の活動が順調でない」という、旧約聖書に述べられていることがらが、人智学という新しい探究によって再発見されます。

ついで、中世になります。今日でも通用していることが、しだいに中世に形成されていきました。人間が知覚できないもの、世の中の彼方にあるものは解明しようとせずに、ただ讃えるという傾向が中世にありました。人々は頭部をあらわにし、頭以外の部分は覆い隠しました。人間はあらわにされているものについてのみ語ってもよいというのです。

人間の内部にあるものは、中世において、キリスト教の一派にとって、語るべきでないものになりました。その一派は、のちにイギリスでピューリタンと呼ばれます。内部は精神的なものではなく、話題にしてはならないというのです。こうして、人間はしだいに精神全部を失っていきました。頭部における精神についてのみ語ると、精神を捉えることは容易ではなくなります。けれども、精神を人体全体において把握すると、よく理解できます。

腎臓は、肝臓の知覚活動に関連して思考する器官です。肝臓は眺め、腎臓が思考します。腎臓は心臓の活動その他について考えることができます。肝臓は消化活動全体を眺めることができ、胃のなかで消化された食物つまり糜粥がどのように血液のなかに入るかを眺めることができます。それが血液中を巡りはじめると、今度は考えなくてはなりません。思考は腎臓が行ないます。実際わたしたちは、第二の人間のようなものを自分のなかに有しているのです。

死体から切り取って解剖台にのせられた腎臓という一片の肉に、考えることができるとは思えません。牛の腎臓なら、人間は食べることさえあります。食べる前に、調理する前に、よく眺めることもできますが、もちろん、一片の肉が思考するということはありません。腎臓のなかにある心魂的なものが思考するのです。

先回述べたように、子どものころの腎臓の素材（細胞）は七〜八年後にはすっかり交替します。七〜八年後には、別の素材がなかにあります。皆さんの爪が七〜八年後にはもはや同じものではないのと同様です。皆さんが伸びた爪を切るように、腎臓・肝臓のなかにかつてあったものはすべてなくなり、新たに補充されます。

「七年前に肝臓や腎臓のなかにあった素材がもはやまったくないのに、乳児期に損なったものによって、肝臓は何十年も経ってから病気になることがある。素材は増殖しないのだから、見えない活動が存在するのだ」と、思われるにちがいありません。物質は病気になりません。物質は排泄（新陳代謝）されます。そのなかにある、目に見えない活動は継続していきます。その活動は人間の場合、生涯にわたって続きます。このことから人体は複雑な、非常に複雑な存在だ、ということが分かります。

さて、すこし別のことを話したく思います。「夜間の夢のように、鈍く暗い思考に腎臓の活動が関与していることを、古代ユダヤ人は知っていた」と、私は言いました。夜間は私たちの表象が去っており、人は腎臓が考えることを知覚します。

昼間は、外から来る思考内容で頭はいっぱいです。強い光と弱い蠟燭（ろうそく）の光があれば、人間は強い光を見て、そのとなりの弱い蝋燭の光は見えません。起きているときの人間の頭は、外界から来る表象でいっぱいです。下方の腎臓の活動は小さな光のようなものです。その光を人間は知覚しません。頭は思考することをやめると、内部で腎臓が考え、肝臓が眺めるものを、夢として知覚します。ですから、皆さんが見るような夢が現われるのです。

腸が不調だとしてみましょう。それを肝臓が見ます。日中は強力な表象があるので、その不調に人間は注意しません。しかし夜、寝入るとき、あるいは目覚めるとき、肝臓が腸の不調を知覚しているのに人は気づきます。肝臓も腎臓も、頭のようには要領よくありません。そのため肝臓や腎臓は、「私が見ているのは腸だ」と、すぐに言うことができません。

腸の様子から、肝臓や腎臓はイメージを形成します。人間は現実を見るかわりに、夢を見ます。もしも肝臓が現実を見たら、腸が燃えているのが見えるでしょう。しかし、肝臓は現実を見ずに、イメージを形成します。肝臓は、舌をぺろぺろ出す蛇を見るのです。舌をぺろぺろ出す蛇の夢を見たら、肝臓が内臓を見ているのです。内臓が蛇のように、皆さんには思われるのです。

頭が、肝臓や腎臓のような具合になることがあります。たとえば、蛇がいそうな場所で、五歩ほど手前にある曲がった木材を、頭は蛇だと思い込むことがあります。そのように、肝臓・腎臓は曲がりくねった内臓を蛇だと思うのです。

ときどき皆さんは、熱くなったストーブの夢を見ることがあると思います。起きると、動悸がしています。何が起こったのでしょう。腎臓が心悸亢進について考えているのです。心臓を暖まったストーブのように想像しているのです。ですから皆さんは、熱したストーブを夢に見るのです。このように、腎臓は心臓の活動について考えるのです。

人間の腹部には心魂的なものが存在します。心魂は小さな鼠のように、人体のどこにでも滑り込み、中に居座ります。昔の人々は、「どこが心魂の座か」と考えました。

しかし、「どこが心魂の座か」と問うとき、人々はもはや心魂について何も知らないのです。心魂は耳朶（みみたぶ）のなかにも、足の親指のなかにも存在します。心魂は考え、表象し、イメージを形成するために、器官を必要とします。普段の思考活動を、心魂は頭をとおして行ないます。そして、先ほど皆さんに話した方法で、心魂は肝臓と腎臓をとおして内部を見ます。心魂が人体のなかで活動しているのを、皆さんはいたるところに見ることができます。

死体を解剖台にのせ、臓器を取り出して物質的に眺めるのではない科学が必要です。思考その他において、内的な心魂のいとなみを単に眺めている人々よりも活動的になることが必要です。もちろん、人体を切って肝臓を取り出し、そこに見出されるものを記録するほうが楽です。あまり脳を使わなくてすみます。肝臓をいろんな角度に切って、小さな部分を顕微鏡で見るには、目と少々の思考で十分です。それは安易な科学です。人間はもっと内的な思考を活動させなくてはなりません。人間を解剖台にのせ、臓器を取り出して記録することによって人間を知ることができる、と思ってはなりません。五〇歳の女性、五〇歳の男性の肝臓を取り出したのであって、それを眺めても、乳児期に何が起こったのか、分からないからです。

本物の科学が必要です。本当の科学を目指して努力しなければなりません。本当の科学を築こうと、人智学は努力しています。本当の科学は、単に身体的なものへと導くのではありません。心魂と精神にいたるのです。

先回、「赤い血ではなく、炭酸（二酸化炭素）を含む青い血が流れる血管、特別の静脈が肝臓のなかに入っている」と、言いました。ほかの臓器には、そのようなことがありません。この点で、肝臓は特別の臓器です。肝臓のなかに静脈が入っていっており、青い血は肝臓のなかで消えていきます。

これは非常に意味深い、重要なことです。もちろん普通の赤い血管も肝臓のなかに入っています。そして、幾本かの青い血管が肝臓から出ています。しかし、そのほかに特別の青い血管、門脈、つまり炭酸（二酸化炭素）を含んだ血液が肝臓のなかに入っていきます。それを肝臓は受け入れて、外に出しません。この特別の青い血をとおして、炭酸が肝臓のなかに入ります。

通常の科学は肝臓と門脈を取り出したら、それ以上考えません。しかし、本当の科学にいたることのできる人は、肝臓を他の器官と比較します。肝臓に非常に似た器官が、人体にあります。目です。肝臓に見出されるものは、目においては非常に小さく、かすかに示唆されているだけです。

しかし目においても、目のなかに入った血液、青い血液がすべて出ていくのではありません。赤い血管が目のなかに入り、青い血管が出ていきます。肝臓におけると同様に、青い血は散っていきます。このようなあり方は、肝臓においては甚だしく、目においては微かです。これは、肝臓と目を比較してもよい、という証拠ではないでしょうか。人体のなかにあるものすべてを究明すると、肝臓は目であるということになります。

しかし、目は外に向けられています。目は外を見るために、青い血を使い果たします。肝臓は内に向けて、青い血液を使い果たします。

ただ、目はしばしば青い血管を少し用いることがあります。悲しくて、泣くときです。苦い味のする涙が、目の涙腺から流れ出ます。これは、目のなかに残ったわずかの青い血から来るのです。この血が悲しみによって活気づくと、涙が分泌されます。

肝臓においては、絶えずこのようなことが行われています。肝臓は、いつも悲しいのです。内側から人体を眺めると、悲しくなることがあります。人体は最高の素質を与えられながらも、特別よいものには見えないからです。肝臓はいつも悲しんでいます。

ですから、肝臓はいつも苦い物質、胆汁を分泌します。目からは涙が流れ、肝臓は胆汁を全身に分泌します。ただ、涙は外に流れ、目から外に出ると、乾いたり風に吹き飛ばされたりします。胆汁は人体のなかで吹き飛ばされはしません。肝臓は外ではなく、内を見ているからです。

私が皆さんに語っていることが本当なら、それは他の領域においても正しく示されるにちがいありません。より内部に生きる地上存在は、より内的な思考活動のなかに生きます。

動物は人間よりも考えることが少ないのではありません。動物は、たくさん考えます。動物は頭においては人間よりも考えることが少ないので、不完全な脳をしています。しかし動物は、肝臓と腎臓のいとなみによく注意しているにちがいありません。肝臓によって内に向けて眺め、腎臓によって内に向けて考えるのです。動物も、そうしているのです。

これを証明するものがあります。人間の目のなかに入ってくる青い血は、ごくわずかです。少ないので、今日の科学はそれについて語りませんが、昔の科学はこのことについて語りました。もっと内面に生きている動物たちにおいては、目がともに考えるのです。

「目は一種の肝臓である」と言うことができるなら、「動物の場合、人間におけるよりも、目ははるかに肝臓的である」と言うことができるでしょう。

人間において、目は完全になり、あまり肝臓的でなくなりました。動物の場合、目の内部が人間と同様ではないことが確かめられます。人間の目は、水状の硝子体があり、それから水晶体になっています。ある種の動物においては、静脈が目のなかに入り、目のなかにつぎのような物体を作ります(図1)。硝子体のなかまで静脈が入っていき、櫛状突起を作ります。

なぜでしょう。これらの動物においては、目はまだ肝臓的だからです。門脈が肝臓のなかに入っていくように、この櫛状突起が目のなかに入っています。ですから、「動物が何かを見ると、すでに目は思考している。人間の目はただ見るだけで、思考は脳である」と言えます。

動物の場合、脳は小さく不完全です。動物はあまり脳で考えず、目のなかで思考します。動物には櫛状突起があるために、目のなかで考えることができるのです。動物は使い果たされた血液、炭酸を含む血液を目のなかで用いるのです。

つぎのようなことを言っても、皆さんは驚かないでしょう。皆さんは、禿鷹(はげたか)が空高くで忌まわしい小さな脳によってずるがしこい決心をして、子羊のいるところに降下していく、とは仮定しないでしょう。もしも禿鷹が脳で思考するなら、禿鷹は飢え死にするでしょう。

禿鷹の場合、目のなかに思考があります。その思考は、腎臓の思考の続きです。その思考をとおして禿鷹は決意して、下降し、子羊を捕まえるのです。禿鷹は、「下に子羊がいる。姿勢を整えて、まっすぐに降下していこう。私は子羊に向けて突進する」と思うのではありません。人間の脳はそのような思慮をするでしょう。もしも人間が空高くにいたら、そのような思慮をするでしょう。禿鷹の場合、目が思考します。目のなかに

●図1

●図2

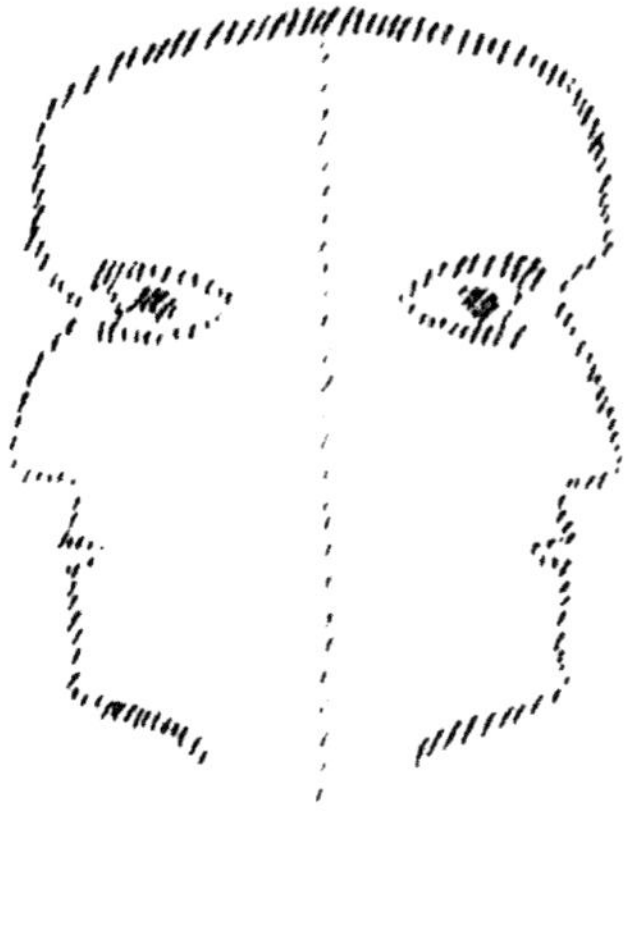

心魂があるのです。禿鷹は意識していませんが、そのように思考しているのです。

旧約聖書を理解していた古代ユダヤ人は「神が夜おまえを、腎臓をとおして苦しめる」というのが何を意味するか知っていた、と私は言いました。心魂にはただの夢と思われるものが実際は何なのか、古代ユダヤ人は表現しようとしたのです。「神が夜おまえを、腎臓をとおして苦しめる」と、古代ユダヤ人は言いました。「人間は目をとおして外界を見るだけではない。人間は身体の内部を腎臓で考え、内部を肝臓で見るのだ」ということを、古代ユダヤ人は知っていたからです。

それを古代ローマ人も知っていました。「二人の人間がいる」ということを知っていたのです。一人は目をとおして外を見ます。もう一人は、肝臓で自分の内部を見ます。「肝臓はうしろを見る」と言わなくてはなりません。これは、静脈全体の分布の様子から確かめられます。ですから、人間は自分の内部についてわずかしか知覚しないのです。皆さんが自分のうしろにあるものを知覚しないように、肝臓は自分の見ているものをわずかしか意識的に知覚しません。それを、古代ローマ人は知っていました。ただ彼らは、すぐに人々が思いつくような形では表現しませんでした。「人間には頭がある。腹部にも頭がある。しかし、うしろを見るのは不明瞭な頭だ」と、彼らは思いました。

彼らは二つの頭を一緒にして、このようなものを作りました（図2）。

顔が二つある頭です。一方の顔はうしろを眺め、他方の顔は前を眺めています。イタリアに行けば、このような彫像が今日でもあります。ヤヌス神の頭と言います。[1]

お金があり、イタリアを旅する人々は、このヤヌス神の頭を見ます。カール・ベデカー編の旅行ガイドブックを見ても、理性的なことは何も書いてありません。それでも、[2]「古代ローマ人は、どうしてこのような頭を作ったのか」と、人々は問うにちがいありません。「海を渡ってどこかに行けば、頭の二つある人間のいる地がある」と信じるほど、古代ローマ人は愚かではありませんでした。しかし、旅行者はこれを見て、「ローマ人は顔の二つある頭を作り出した。一つはうしろを向き、もう一つは前を向いた顔だ」と思うにちがいありません。

さて、ローマ人は自然な思考をとおして、のちの人類が知らないことをまだ知っていました。いま私たちはその知に、独自にいたります。いま人間は、ローマ人は愚かではなく、賢かった、と再び知ることができます。ヤヌス神（Janus）の頭は、睦月（Janner）、一月（Januar）を意味します。なぜ一月が一年の始めにされたのでしょうか。これは特別の秘密です。

心魂が頭のなかだけでなく、肝臓と腎臓のなかでも働くということを洞察するにいたると、その働きが一年を通じて異なっていることも分かります。夏、暑い季節には、肝臓は少ししか働きません。肝臓と腎臓は心魂的に一種の睡眠状態にあり、外的・身体的な機能だけを果たします。人間が外界の熱に没頭するからです。内部では静止状態になっていきます。

　消化器系は真夏には、冬よりも静かです。冬には、消化器系は非常に精神的・心魂的になりはじめます。クリスマスのころ、新年のころ、一月になると、肝臓と腎臓のなかの心魂的活動は最も強くなりはじめます。

　それもローマ人は知っていました。ですから、二つの顔を持つ人間を、彼らは「睦月人」「一月人」と名付けたのです。ここに示された聡明さに私たちが到達すると、ただ目を丸くして眺めるだけではなく、ものごとを理解できます。

　人智学は非実用的なものではありません。人智学は、人間に関することすべてを解明できるだけではなく、歴史についても解明できます。なぜヤヌス神の頭をローマ人が作ったか、人智学は説明できます。

　うぬぼれているのではありません。本来なら、人々が世界を理解するよう、ベデカー編の旅行ガイドブックの執筆に人智学者が参加すべきでしょう。そうしないと、人々は居眠りをしながら世界を旅し、すべてをただ目を丸くして眺めるだけで、じっくり考えることができません。

「心魂にいたるには、身体から出発しなくてはならない」と言われるとき、本当に真面目なことが語られているのが、ここから分かります。身体的なことから心魂的なものを認識するにいたるというのは、冗談ではなく、非常に真面目な科学なのです。

注

◆**1 ヤヌス神**……門を守護する古代ローマの双面神で、ものごとの初めを司る。鍵と笏を持つ姿で表わされる。

◆**2 カール・ベデカー**……Karl Baedeker（1801〜1859年）

［補遺1］心臓の話

血管を有する肺で、血液は呼吸から酸素を受け取り、そこから心臓に行きます。心臓から全身に行き、赤かった血が、全身を巡るあいだに青くなります。青い血は心臓・肺へと戻り、ふたたび酸素によって赤くなります。このように血液は全身を循環します。

丸い管があるとしましょう。この丸い管のなかに、赤い液体を入れます。このような管で液体を動かすには、ポンプがなくてはなりません。ですから、ここ（図1の矢印）にポンプがあって、赤い液体を動かすと考えましょう。管の上部を開放すると、液体が噴出します。しかし、そうしないで、上部に管を継ぎ足しましょう。そうして、液体を動かします。そうすると、液体はいつまでも循環します。

液体は回転させられます。液体がポンプによって回転させられると、上の管のところで液体がいくらか上昇します。ポンプに強い力を与えると、もっと高く上がります。弱い力だと、高く上がりません。その高さによって、循環する液体の圧力を測ることができます。

似たようなことを、人間の血液で行なえます。血管のどこかに、このような管を付けると、血液がいくらか高く上がります。血管のどこかに、管を差し込むことができます。たとえば、腕の動脈にアンプル状の管を差し込むと、血管から血液が少し、その管のなかに流れ込みます。

●図1

人によって、その管のなかの血液の高さが高かったり低かったりします。その管のなかで血液が非常に高く上がる人がいます。ほかの人の場合は、そんなに高く上がりません。その管のなかで示されるのは圧力です。ですから、人間にはさまざまな血圧があることになります。血管のなかで血液が強く圧迫されたら、血液は管のなかで高く上がります。圧力が弱いと、高く上がりません。

血液が循環するためには、人間はポンプを必要とする、と唯物論者は思います。私がいま示したのは、外的な器具にすぎません。実際のところ、人間の身体のなかには、このようなポンプはどこにもありません。心臓はポンプではありません。人間にはポンプがありません。血液は、まったく別のものによって動いています。

血圧を示す血の柱の高さがさまざまであることを、まず明らかにしようと思います。三〇歳から五〇歳の健康な人の場合、血液の高さはおよそ一二〇ミリから一四〇ミリです。この圧力計で、血液の高さが例えば一一〇ミリしかなかったら、その人は病気です。もしも一六〇ミリだったら、血圧が高すぎます。一一〇ミリしかなかったら低血圧です。血液の圧力が弱すぎます。私たちの身体には一定の血圧が必要です。血圧によって、一定の強さで圧迫されていなければなりません。

まず、血圧の低い人を見てみましょう。血圧の低い人は虚弱で、疲れやすく、青ざめており、消化に苦しみます。内的に弱っており、身体機能がしゃんとしません。そのために、次第に衰えていきます。血圧が低すぎる人は、疲れ、弱り、病気になります。

血圧の高すぎる人を見てみましょう。しばしば、特徴的な現象が現われます。血圧の高い人は、だんだん腎臓が機能しなくなっていきます。腎臓のなかにある血管その他が傷んでいきます。腎臓に石灰が付き、膨らみます。

「私たちが自分の内に有する圧力、すなわち血圧のなかに、私たちのアストラル体が生きている」ということを明らかにしなければなりません。アストラル体は、人間の超感覚的身体です。アストラル体は何らかの実質、何らかの素材のなかに生きているのではありません。アストラル体は力のなか、血圧のなかに生きています。

私たちの血圧が正常だと、アストラル体は健康です。中年では一二〇から一四〇です。血圧が正常だと、目覚めるとき、アストラル体は物質的身体のなかに入って、心地よく感じます。アストラル体はあらゆる方向に広がることができます。正常な血圧（およそ一二〇ミリ）だと、アストラル体は血圧のなかで正しく広がることができます。そうすると、アストラル体は目覚めに際して、物質的身体のあらゆる部分に入っていけます。血圧が正常だと、私たちが起きているあいだ、アストラル体がいたるところに拡張しています。

アストラル体は、私たちの内臓器官が正しい形態を持つようにします。私たちがいつも寝ていると、つまりアストラル体が常に外にあると、私たちの内臓にすぐ脂肪が付きます。そうなると、器官は正しい状態にありません。アストラル体がエーテル体を刺激すると、私たちの器官は健康で、正しい形態を持ちます。アストラル体が広がれるためには、血圧が正常でなくてはなりません。

人間が眠ると、アストラル体と個我は身体の外に出ていかねばなりません。低血圧だとしましょう。血圧が低すぎると、目覚めるとき、アストラル体が正常に物質的身体のなかに入りません。そうすると、アストラル体の活動がわずかになります。血圧が低すぎると、人間は人間は自分の身体のなかで、絶えず小さな失神を感じます。そうなると、人間はいつも小さな失神を感じ、その結果、虚弱になり、器官が正しく形成されません。器官は常に新たに形成されねばならないからです。器官は七年ごとに、新たに形成されねばなりません。アストラル体がいつも活動的でなくてはなりません。

物質的身体が早く老けるかどうかも、アストラル体にかかっています。血圧が高すぎると、アストラル体は物質的身体のなかにいるのが気に入ります。アストラル体は深く入り込みます。その結果、どうなるでしょうか。その結果、すでに三〇歳で、本来なら七〇歳のときのような腎臓になります。血圧が高いと、私たちはあまりに早く生きるのです。

腎臓は敏感な器官なので、早く退化します。老いるというのは、器官が次第に硬化することです。血圧が高すぎると、敏感な器官は早く硬化します。高血圧の場合の腎臓病は、その人があまりに早く老けているしるしなのです。本来なら老年時の腎臓の状態に、若くしてなっているしるしです。

低血圧は、アストラル体と個我があまり物質的身体に入っていないことを意味します。高血圧は、アストラル体と個我が物質的身体に深く入りすぎていることを意味します。

人類の歴史の経過のなかで、血圧がゆっくりと高くなりつづけてきて、今日、人間は高血圧に苦しんでいます。人間は今日、目覚めたあと、血圧が高すぎる状態で生きます。高すぎる血圧は、アストラル体と個我に食らいつきます。その結果、アストラル体と個我が完全に物質的身体のなかに入ります。この状態は、人間が精神的刺激を受け、精神的なものに本当に関心を持つと、改善されていきます。

人間全体を動かすのは、目に見えないものです。外的な動きをするとき、歩くとき、「歩くのは足の指だ」とは言いません。「私が歩く。私が歩く原因は私の意志にある」と、私たちは言います。

心臓だけでなく、たとえば腸も絶えず動いています。腸が波状運動をしなければ、胃のなかで消化された食物、つまり糜粥（びじゅう）は消化されません。人間の内部で、すべてが運動しています。内部で、絶えず動きが生じています。内部の器官の動きは、物質的なものによって引き起こされているのではありません。その動きは、私たちが有する不可視のものによって引き起こされているのです。ですから、「心臓はポンプではない。心臓は私たちのアストラル体によって動いている」と、言わなくてはなりません。

私たちはアストラル体を有しており、アストラル体が心臓を動かしています。そして、アストラル体のなかには私たちの個我があるので、私たちは個我によっても心臓を動かしています。

心臓を見ると、普通の人の場合、心臓はいくらか左側にあります。通常思われているほど強く左に片寄ってはいません。心臓から太い血管が発しています。太い動脈、その他の血管が心臓から発しています。

私は息を吸うとき、酸素から栄養を摂取します。息を吐くとき、私は炭素を出します。私は炭素を出すと、すぐに酸素を欲します。私はふたたび息を吸います。呼吸は最初、心臓にはまったく関係しません。呼吸は私の全身と関係します。私の全身が酸素を欲します。

身体が酸素を欲すると、血液を動かす衝動が生じます。血液が酸素を有さねばならないからです。アストラル体をとおして、身体は血液を、酸素が得られるところに送ります。

私が歩く、または働くとしましょう。そうすると、私のなかで養分が燃えます。そうして、血液に養分が乏しくなります。働くと、血液はいつも養分に乏しくなります。血液は何を欲するでしょうか。血液はふたたび食物を得ようとします。胃と腸が受け入れた食物を、血液は自分のほうに引き寄せます。

空腹、空気への渇望、食物への渇望が血液を動かすのです。血液が最初に動き、血液が心臓を動かします。心臓が血液を身体に押し出すのではありません。空気への渇望、食物への渇望によって血液が動き、そうして、心臓が動かされるのです。「肉眼には見えない人間が心臓を動かしている」と、言わなくてはなりません。

「心臓が血液を身体に送り出すのでないのなら、何のために私たちには心臓があるのか。血液が自分で動くのなら、心臓は必要ではないだろう」と、異議を唱える人がいるでしょう。

頭は外に向けて、感覚器官を有しています。そうして、外にあるものを知覚します。

しかし、頭は内部で進行するものも知覚します。ただ、たいていの人の場合、それは意識されません。外で何が起こっているのかを知るために、外を見ようとするとき、私は目を使います。内側・血液循環を見ようとするときは、心臓を用います。

心臓は、血液を身体に送り出すポンプではありません。心臓は頭と同様、すべてを知覚する感覚器官なのです。頭が心臓をとおして血液循環全体を知覚しないなら、私たちは自分の血液循環について何も知ることができないでしょう。

肝臓は知覚器官です。下方の動きを、肝臓は知覚します。心臓は全身の動きを知覚します。呼吸への渇望、食糧への渇望によって呼び出される動きをとおして、心臓は動いています。そして、心臓の動きによって、身体の調子がよいか、よくないかに人は気づきます。

これは簡単に分かるでしょう。だれかが病気になったら、どうするでしょう。最初に、脈を測ります。脈を診ることに慣れている人は、脈拍から非常に多くのことを知ることができます。脈拍は本当に健康と病気のバロメーターです。脈拍というのは、血液の動きにほかなりません。病人の脈を診るのと同じことを、頭は絶えず行なっているのです。そもそも、身体のなかで経過するものすべてを、頭は心臓をとおして感じています。

だれかが夜、大量の酒を飲んで、酔っ払ったとしましょう。そうすると、血液循環は無秩序になります。翌日、頭は心臓をとおして、「血液循環全体が混乱している」と気づきます。二日酔いです。なぜ、二日酔いで頭ががんがんするのでしょうか。

天気のよい日に散歩に行き、風景を見ると、美しい印象を受けます。天気が悪いと、悪い印象を受けます。血液のなかをすべてが正規に動いていると、頭は好ましい印象を受けます。頭のなかで、すべてが順調です。夜、酔っ払っていると、血液中に嵐が吹き荒れているようなものです。血液中に嵐が起こると、頭は心臓をとおして、嵐の印象を受けます。すべてが入り混じって、頭がくらくらします。

「心臓は内的な感覚器官である。心臓という感覚器官をとおして、体内で生起することを、頭はすべて知覚する」と知るときに、私たちは心臓とは何かを理解します。

宇宙を見ると、人間はアストラル体という不可視の部分をとおして、宇宙と関係していることが明らかになります。人間が関係する最も重要な星は、太陽と月です。おもに頭が太陽と関係しています。その他の部分は、月と関係しています。月の相が何かを引き起こすと思うのは、もちろん迷信です。しかし、人間のなかには月のリズムに似たリズムがあります。そのリズムは血液のなかにも表現されます。

人間は宇宙に向けて、調整されています。血液の内的な動きは、食糧だけに依存しているのではありません。人間は完全に健康だと、自由な存在であり、外的な自然の影響から独立します。ある意味で、全宇宙から独立します。しかし、わずかでも病気になりはじめると、人間は全宇宙に依存します。

だれかが病気のとき、脈を診れば、病気に気づきます。さて脈は、朝と晩で大きく違うのが分かります。朝の脈と晩の脈がどう異なっているかによって、多くのことが分かります。そのほか、ある種の病気では、満月のときと新月のときで、脈が大きく異なります。人間は月に依存しているのです。健康な状態で、独立が可能なときにも、ある種の依存性は残ります。病気のときには、その依存性がはっきりと示されます。

「私たちの心臓に印象を与えるものは天体、特に月の動きに関係する。私たちは月の動きに関係している」と、言わねばなりません。

［補遺2］癌について

エーテル体の活動の過剰は人間のなかでどのように示されるか、ということを取り上げてみましょう。つぎのようなことが起こります。エーテル体がある器官に、あまりに強く作用しているのが見えます。アストラル体と自我オーガニゼーションは、このエーテル体の優勢を抑制することができません。弱まったアストラル・オーガニゼーション、弱まった自我オーガニゼーションに対して、エーテル体は優勢を占めています。エーテル体は器官に成長プロセスを持ち込みます。アストラル体と自我オーガニゼーションの力によって、人体をしっかりと結び付けておくことができないのです。

エーテル体が優勢なところには、宇宙の遠心的な力が過剰に現われます。エーテル体のなかには、遠心的な力が作用しています。その遠心的な力は、物質体の求心的な力と均衡を保ってはいません。発展するものを、アストラル体は抑制することができません。このような場合、珪酸プロセスが優勢を占めていて、自我オーガニゼーションは珪酸プロセスを抑制できないのです。

こうして、腫瘍ができます。そして、癌腫・癌プロセスへの道が開かれます。癌に関しては、物質的な領域であげうる最良の成果が得られていますが、癌腫がエーテル体の優勢によって生じることは知られていません。エーテル体の優勢を、アストラル体と自我オーガニゼーションの働きによって抑制・解体することができないのです。「優勢を占めるエーテル・オーガニゼーションを解体するために、アストラル・オーガニゼーションと自我オーガニゼーションを強めるには何をなすべきなのか」という問いが発生します。

宿り木（やどりぎ）は特別の植物です。瘤のできた樹皮、瘤のできた幹の切断面を見ると、そこには独特なものが現われているのに気づきます。

木は垂直に生長していきますが、ある場所で水平方向に向かっています。第二の幹が外に生長するかのようです（図1）。

正確に研究してみましょう。このような瘤ができると、木の物質体が何らかの妨害を受けたような結果になります。エーテル体の生長力に従う物質が、いたるところにあるわけではありません。瘤ができたところに、物質体は残留します。エーテル体は遠心的に物質を宇宙へと投げ飛ばそうとするのですが、最初の瘤ができたところでは、そこに留まります（図2）。物質はその部分を、ほとんど通り抜けていきません。エーテル体は物質を、強い力を備えた木の下部へと下ろします。

そのようなことが起こらず、その場所に宿り木が寄生すると考えてみてください（図3）。宿り木は自らのエーテル体を持っています。地に根付く樹木は、大地から取り出

●図1

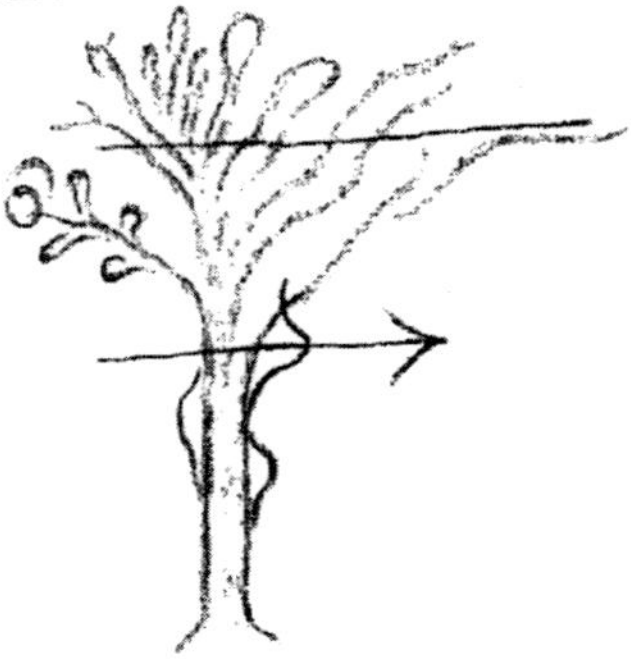

●図2

●図3

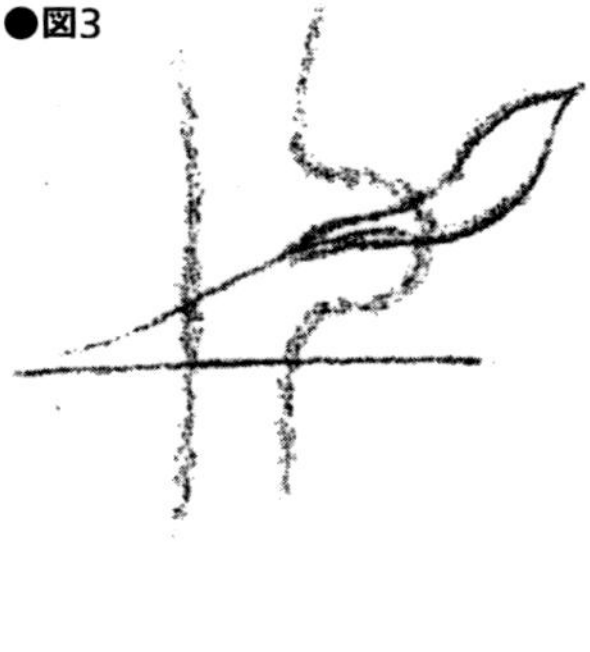

した力を自分のなかで加工します。樹木に寄生した宿り木は、樹木が宿り木に与えるものを消化します。いわば、宿り木は樹木を大地の代わりにしているのです。宿り木がなければ、樹木のエーテル体は異常増殖するのです。樹木においてエーテル体が物質体を圧倒しているところに存在するものを、宿り木は奪い取ります。過剰なエーテルは、樹木から宿り木のなかに入っていきます。

宿り木が樹木から奪ったエーテルを正しい方法で処理して、人体に注射することができます。癌腫において異常増殖したエーテル実質を宿り木が受け取り、物質実質を押し返すことによって、アストラル体の働きが強められます。そうして、癌腫の腫瘍は崩れ、崩壊します。宿り木を人体に投与することによって、樹木のエーテル実質を人間のなかにもたらすのです。樹木のエーテル実質は宿り木に担われて人体のなかに運び込まれ、人間のアストラル体を強めます。

植物のエーテル体が人間のアストラル体にどのように働きかけ、寄生植物が樹木から採った霊的なものが人間のアストラル体にどのように作用するかを洞察するときにのみ、このような治療法が見出されます。

薬を用いるとき、物質的・化学的な作用のみでなく、その素材のなかにある霊的なものを用いるのです。

［補遺3］物質体・エーテル体・アストラル体

人間の物質体には、高次の構成要素が混ざっています。人間に向かい合うとき、その人の物質体には、人間の本質の別の構成要素が浸透しています。ですから、「肉と骨からなるもの」を、そのまま物質体と名づけるわけにはいきません。

人間の物質体は、たしかに外界の鉱物界と同じ素材と力からできているものです。その素材と力が極めて精巧に人体のなかで組み合わさっています。しかし、人体がそのように見える、そのように感じられるのは、物質体に別の構成要素が混ざっているからです。

物質体というのは、人間が死の扉を通過したあとに存在するものです。死体が、人間の高次の構成要素から切り離された本来の物質体です。高次の構成要素から切り離された物質体は、それまでとはまったく別の法則に従います。それまで人体は、物理的・化学的法則に対抗してきました。人間の身体は、一生のあいだ物質体の崩壊に対して戦うエーテル体に絶えず浸透されていないと、いつでも死体になります。エーテル体すなわち生命体が、人間の第二の構成要素です。

透視者にとって、物質形姿が占めている空間は、エーテル体すなわち生命体によって満たされ、輝いています。エーテル体の頭・肩・胴は、物質体とほぼ同じ姿をしています。下部に行くにしたがって、エーテル体は物質体の形姿と似たところがなくなっていきます。下部にいくほど、エーテル体は物質体と異なっていきます。

そのほか、物質体とエーテル体では、左右が逆になっています。物質体の心臓は、やや左側に位置しています。エーテル体のなかで心臓に相当するもの、すなわちエーテル心臓は右側にあります。しかし、物質体とエーテル体の最も大きな相違は、男性のエーテル体は女性的であり、女性のエーテル体は男性的であるということです。この事実は非常に重要であり、人間の本質の謎の多くが、この神秘学的な探究の成果を基にして解明されます。

人間は楽しんだり、苦しんだり、喜んだりしていますが、それらは自分の物質体が占める空間のなかで演じられます。それらの担い手は肉眼には見えませんが、透視力によって眺めると、輝く雲のように見えます。それがアストラル体です。

エーテル体の非常に柔軟な動きは、物質体の動きとは比べものになりません。健康な人の場合、エーテル体は若い桃の花の色をしています。濃い薔薇色から輝く白までの独特のニュアンスで、きらめき、光っています。不定なものとはいえ、エーテル体には一定の限界があります。

アストラル体の場合は、まったく異なっています。アストラル体は、じつにさまざまな色彩と形態を示します。絶えず形を変えながら漂う雲のようです。雲のなかに形成されるものが、人間が他人に対して持つ感情を表現しています。透視者は青みがかった赤い色がアストラル体のなかに現われるのを見るとき、人から人に愛が流れるのを見ます。透視者は、憎しみの感情が人間から人間に流れるのも見ます。人間の心魂の活動が絶えず変化するように、アストラル体の色と形も絶えず変化します。アストラル体の色と形は、バラエティー豊かに現われ、消えていきます。


人間のアストラル体は変化していきます。アストラル体の変化を象徴的に表象するには、一つの回転を思い浮かべねばなりません。アストラル体の変化に関しては、宇宙アストラル体のなかへの沈潜について語らなくてはなりません。かつて人間は、あるときには独自のアストラル的な感情、別のときにはまったく別の感情を、交互に感じていました。あるときは自分の周囲の外界を生き生きと感じ、別のときには自分独自の内面を感じました。

アストラル体は七日、つまり「二四時間×七」の経過のなかで、リズミカルな変化を通過しています。その変化は一つの循環に譬えられます。自我は二四時間でリズミカルに変化しており、その変化は今日でも目覚めと眠りの交替に表現されています。アストラル体は「二四時間×七」で変化しています。

自我とアストラル体だけでなく、エーテル体も一定のリズムで変化します。象徴的な語り方をすれば、人間のエーテル体は「七日×四」で自転しています。そして「七日×四」を経ると、第一日目の経過に戻ります。一定のリズムが「七日×四」で演じられます。「男性のエーテル体は女性的であり、女性のエーテル体は男性的である」と話しました。男性のエーテル体と女性のエーテル体では、リズムが同じではありません。しかし、きょうは、「男性と女性では異なるものの、およそ七日×四のリズムがある」とだけ述べておきます。

それで終わりではありません。物質体のなかでも、一定の経過がリズミカルに繰り返されています。今日では、人間が自然の経過から自立すべきなので、その経過はほとんど曖昧になっていますが、深密な観察者はその経過に気づきます。

物質体だけに委ねると、そのリズムは女性においては「七日×四×一〇」、男性では「七日×四×一二」で経過します。今日でも物質体をリズムに委ねると、このように経過します。

訳者あとがき

ダーウィン『種の起源』が出版された二年後、そしてメンデルが遺伝の法則を発表する四年前、すなわち一八六一年二月にルドルフ・ヨゼフ・ロレンツ・シュタイナーは生まれた。

その八五年前に、日本では『解体新書』が刊行されている。和方・漢方・蘭方が研究され、現代の西洋医学・東洋医学の実践へといたっている。近代日本の神道家たちは霊学（鎮魂・帰神・太占）を提唱し、霊学の系譜のなかで手かざしによる治療が普及していった。

シュタイナーは神秘主義ではなく、科学的な思考による精神探究を目指して人智学を創始し、その認識を医学・農法・教育学などに応用した。彼はドイツ哲学・心理学で用いられてきた精神科学という「簡素なドイツ語」を人智学と同義で用いることもよくあった。

『シュタイナー自伝』（邦訳、アルテ他）の第三章に、シュタイナーがウィーン工科大学に通学する列車で知り合った人物のことが出てくる。「彼は村で薬草を採り、それをウィーンの薬局に売っていた。……彼は背に薬草の束を負い、薬草採集の際に自然の霊性から得た成果を心のなかに担っていた」。ついで同じ章に、「ウィーンの大学では、聴講生として講義や演習に参加できた。この制度を利用して、私は医学にいたるまで研究しようとした」と述べている。このころにシュタイナーは医学の知識を蓄えていった、と言えるだろう。

シュタイナーは人間という存在を、現代の日本語で言えば、からだ、いのち（生命オーラ）、こころ（思いのオーラ）、たましい（自分）に分類した。いのち＝エーテル体、こころ＝アストラル体、たましい＝個我の状態が物質的身体に影響を与える。

シュタイナーは、元来の人体には病気も死もなかった、と考えている。それがルシファー的（夢想的・官能的）な力とアーリマン的（攻撃的）な力の影響を受けて、元々のあり方から逸れていったというのである。

肉体・エーテル体・アストラル体・個我（よい意味での自我）の調和が崩れるときに人は病むし、アストラル体の思いが温和でないと、肉体を不調にすることがある。また、ルシファー的（腫れ・発熱的）な病いとアーリマン的（冷え・硬化的）な病いを、シュタイナーは『カルマの開示』（新装版『いかにして前世を認識するか』イザラ書房、所収）で論じている。そして、過去のカルマの解消・好転のために闘病が必要なケースもある、と述べている。

薬や手術という肉体に働きかける方法、運動（体操やオイリュトミー）をとおしてエーテル体に作用する方法、絵画や音楽などアストラル体に作用する芸術療法があり、調和的な世界観は個我に働きかけて人間を健康にする。シュタイナーは、色や象徴図形を治療に利用する方法を指導したこともある（『色と形と音の瞑想』風濤社、八〜一五ページ）。

シュタイナー全集のなかでは、三一二巻から三一九巻までが医師・医学生を対象にした医学講義録である。

三一二巻『精神科学と医学』（邦訳、www.bekkoame.ne.jp/~topos/）
三一三巻『治療への精神科学的観点』
三一四巻『精神科学の土台の上の生理学と治療 —— 治療と衛生学』
三一五巻『治療オイリュトミー』
三一六巻『医療の深化への瞑想的考察と指導』
三一七巻『治療教育講座』（邦訳、角川書店・筑摩書房）
三一八巻『牧師と医師のための講座』
三一九巻『人智学的人間認識と医学』

著書としては、イタ・ヴェークマン（本書六六ページ参照）との共著『精神科学的認識による医療拡充のための土台』（全集二七巻）がある。これは死の二日前に校正を終えたものだ。

一般向けの講演でも、シュタイナーはしばしば人体について語っている。『病気と治療』『健康と食事』（ともにイザラ書房）『人智学から見た家庭の医学』『身体と心が求める栄養学』（ともに風濤社）『健康と病気』（ホメオパシー出版）などである。

本書に最初に訳出した「心魂と身体」は、一九〇九年二月一八日ベルリンにおける公開講演で、シュタイナー全集五七巻『何処で如何に精神を見出すか』に収録されている。

つぎの「病気とは何か・死とは何か」は、一九〇六年一二月一三日ベルリンにおける公開講演で、シュタイナー全集五五巻『今日における超感覚的なものの認識と現代生活にとっての意味』に収められている。

「神経-感覚系―リズム系―四肢-代謝系〈一〉」は一九二四年七月二一日にアルンヘムで行なわれた講義で、『人智学的な人間認識と医学』（シュタイナー全集三一九巻）に収められている。

「神経-感覚系―リズム系―四肢-代謝系〈二〉」は一九一一年一〇月二七日にシュトゥットガルトで行なわれた講義で、『精神科学の土台に立つ生理学と治療』（シュタイナー全集三一四巻）に収録されている。

「脳の話」「構築と崩壊」「肝臓の働き」「腎臓の働き」は、一九二二年八月二日から九月一六日にかけてドルナッハで行なわれた全六回の連続講義『身体・心魂・精神による人間存在の認識』（シュタイナー全集三四七巻）から訳出したものである（脳の言語中枢を扱った第一講「言葉の発生」は『シュタイナーの美しい生活』〈風濤社〉、第六講「栄養摂取の過程」は『身体と心が求める栄養学』に訳出したので、本書では省略した）。

補遺として紹介したのは、「心臓の話」が『宇宙と人間におけるリズム』（全集三五〇巻）の第三講（一九二三年六月六日）と第一四講（同年七月二八日）、「癌について」が

『人智学的人間認識と医学』（全集三一九巻）の第一〇・一一講（一九二四年八月二八・二九日）、「物質体・エーテル体・アストラル体」が『神智学と薔薇十字神秘学』（全集一〇九巻所収）の第三講（一九〇九年六月五日）と『精神科学的人間学』（全集一〇七巻）の第一一講（一九〇八年一二月二一日）から訳出したものである。

現代の科学によると、生物は最初の十億年くらいはメスだけだったそうだ。そして、数百万年後にはY染色体が消滅するという。環境汚染や異常気象について悲観的な見方をする人も多いが、私は人間が心身とも変化を遂げるべき進化の段階を迎えていると見ている。東洋医学の実践家たちから指摘されている、日本人の身体の特徴を踏まえた医療ということがアントロポゾフィー医学においても探究されていくだろう。

拙訳をチェックしていただいた京都社会保険病院看護師の有川利喜子さん、原文を照合して手を入れてくださったオイリュトミー療法士の中谷三恵子さん、一般の読者の方々を念頭に入れて文章を工夫してくださったイザラ書房の澁澤カタリナ浩子さん、ならびに同社の村上京子さんに御礼申し上げる。

平成二二年季春　　西川隆範

●編訳

西川隆範（にしかわ　りゅうはん）

昭和28年、京都市に生まれる。シュタイナー幼稚園教員養成所（スイス）講師、シュタイナー・カレッジ（アメリカ）客員講師を経て、多摩美術大学非常勤講師。主な著訳書に、『病気と治療』『健康と食事』（ともにイザラ書房）『人智学から見た家庭の医学』『身体と心が求める栄養学』『自然と人間の生活』『人体と宇宙のリズム』（いずれも風濤社）『心・身体を考える』（共著、リブリオ出版）ほか。

http://idebut.org/school/?id=nishikawa@idebut.org

●監修

中谷三恵子（なかたに　みえこ）

1978年よりシュタイナーの研究を続けている。1987年シュトゥットガルト・オイリュトメウム（ドイツ）卒業。1999年ペレドゥア・オイリュトミー療法士養成学院（イギリス）にてディプロマを取得。オイリュトミストとして多くの大人や子どもを指導し、療法士としても活動するかたわら、シュタイナー教育やアントロポゾフィー医学に関する勉強会を各地で行っている。2004年より、「国際アントロポゾフィー医学ゼミナール」で講師を務めている。

●協力

有川利喜子（ありかわ　りきこ）

1962年、鹿児島県徳之島に生まれる。1982年、社会保険京都高等看護専門学校卒業後、社会保険京都病院に勤務。小児科産婦人科病棟係長。国際アロマテラピー認定アロマテラピスト。日本聖公会主教・谷昌二先生、文教大学・金井朋子先生に師事して人智学を学ぶ。

シュタイナー〈からだの不思議〉を語る

発行日　2010 年 6 月 5 日　初版　第一刷発行
　　　　2024 年 1 月 25 日　　　　第三刷発行　製本：上製から並製へ仕様変更

著　者　ルドルフ・シュタイナー
訳　者　西川隆範
監　修　中谷三恵子
協　力　有川利喜子 + 渋沢比呂呼
ブックデザイン　和田悠里（スタジオ・ポット）
発行者　村上京子
発行所　株式会社イザラ書房
　　　　〒369-0305 埼玉県児玉郡上里町神保原町 569
　　　　tel 0495-33-9216　fax 047-751-9226
　　　　mail@izara.co.jp　http://www.izara.co.jp/

印　刷　大村紙業株式会社

ISBN978-4-7565-0114-1　C0047